LA COMUNICACIÓN DE LOS LÍDERES Y SUS 12 SECRETOS

© Copyright 2012

Ángel Gámez

Primera edición: enero 2012

Primera reimpresión: julio 2012

Todos los derechos reservados. Ninguna parte de este libro puede ser reproducida o trasmitida en cualquier forma o por ningún medio electrónico o mecánico, incluyendo fotocopiado, grabado, o por cualquier almacenamiento de importación o sistema de recuperación sin permiso escrito del autor.

Corrección:

María Domínguez

Yolimar Landaeta

Portada:

Ana Contreras

ISBN: 978-1-291-75024-9

Impreso en Venezuela por Miguel Ángel García e Hijo, s.r.l. Caracas

Dedicado única y exclusivamente a todos los líderes de este planeta tierra. También a los que se creen líderes. Si usted no es líder o no se cree líder sólo puede leer el prólogo.

INDICE

Prólogo 4
La Comunicación de los Líderes .. 6
Comunicación en Problemas 11
Conciencia vs. Inconsciencia 15
Estructura de una Comunicación ..21
La Conducta no es la Persona 23
Los Actos Básicos del Lenguaje 26
El Poder de la Petición................. 28
Los 12 Secretos 35
Sintonía 62
Los Idiomas de la Comunicación .. 71
Hemisferios Cerebrales................ 77
Los Metaprogramas 78
La Esencia de los Líderes 87
Referencias 90

PRÓLOGO

Estaba conversando con mi sobrina de 10 años y de pronto me preguntó: "¿Cómo se llama el libro que estás escribiendo Tío?" Le respondí: "La Comunicación de los Líderes". Y entonces me volvió a preguntar: "Y ¿de qué hablas en ese libro?" Le dije: "sobre la forma en que se comunican los líderes". Y ella agregó: "¿yo puedo leer ese libro?" La pregunta me confundió un poco, de hecho no supe contestar inmediatamente pero le dije: "claro que puedes leerlo". Y me dijo: "yo sabía que podía leerlo antes de que tú me lo dijeras Tío". Y le pregunté: "¿y cómo sabías que podías leerlo?" Me dijo: "porque todos somos líderes".

Observando el mundo de hoy en las empresas, colegios, academias, en el hogar, en las organizaciones y hasta en los equipos deportivos se puede observar cómo cada vez tenemos más, un liderazgo compartido, donde se comparten las decisiones y donde en momentos diferentes asume el liderazgo cualquiera y no solamente la persona que está a cargo de la organización o del equipo.

Particularmente creo que un verdadero líder debe tener a su alrededor personas más inteligentes que él o ella. Lo que hace que se deba compartir el liderazgo. Si un líder quiere siempre tomar decisiones solo y es la persona más inteligente de su equipo (o cree que es la persona más inteligente de su equipo), ese líder y ese equipo están en problemas.

La información que hay en este libro en opinión particular es de suma importancia para la vida de las personas en cualquier ámbito y siempre estuve buscando una forma de decirle a los demás, la razón de porqué leerlo pero no existe más razón que la que me dio mi sobrina de 10 años. Todos somos líderes. En algún momento de la vida tenemos que negociar, influir positivamente, servir de motivadores, enseñar, dirigir personas, ganar aliados, convencer de nuestra filosofía, trasmitir nuestras ideas, emitir opiniones, escuchar sugerencias, delegar funciones, elogiar conductas, transmitir información. Todas estas situaciones ameritan que actuemos con liderazgo, por esa razón quiero decirle de todo corazón que todos somos líderes. La diferencia es que pocos lo creen. Y esa es la diferencia que marca la diferencia.

LA COMUNICACIÓN DE LOS LÍDERES

¡Hola! ¿Cómo está? Si en realidad el ser humano tiene un espíritu, puedo decir entonces que el mío se encuentra muy contento de que usted haya iniciado esta lectura. A través de este libro usted tendrá la oportunidad de aprender técnicas eficaces de comunicación y al mismo tiempo podrá ganar aliados e incrementar su poder de convencimiento, así evitará malos entendidos, problemas de comunicación y obtendrá beneficios importantes producto de una comunicación efectiva.

Para que esto pueda lograrse debe seguir las instrucciones y participar activamente durante la lectura; de su interacción dependerá el éxito; mientras más comprometido esté con la lectura, mayor será su aprendizaje. Este libro fue hecho para que usted se comprometa completamente con la lectura. La diferencia entre estar involucrado y estar comprometido se puede ver fácilmente en este ejemplo: imagine un desayuno criollo con carne mechada, huevo y arepa, la gallina está involucrada porque colocó los huevos en este desayuno y la vaca está comprometida porque es parte del desayuno ¿vio la diferencia?

Mientras esté leyendo el libro usted puede hacer transferencia de conocimiento e imaginarse las situaciones diarias donde puede aplicar todo el contenido del mismo. Y comparar las situaciones aquí narradas con su quehacer cotidiano. Posiblemente mientras lee usted tenga la impresión de que algunos puntos se encuentran incompletos.

La intención principal es poner a prueba su imaginación, su capacidad de reflexión y estimular su intelecto. Al fin y al cabo las técnicas de La comunicación de los Líderes están en constante metamorfosis. Albert Einstein decía: "la imaginación es más importante que el conocimiento". ¿Se encuentra listo o lista? tome un bolígrafo o lápiz en este preciso instante… ¿Ya lo tomó? lo va a necesitar desde ya.

¿Es Importante la Comunicación?

Hace mucho tiempo, en siglos anteriores, existió un pintor muy talentoso que elaboraba los cuadros más hermosos de la época, los cuales brillaban con luz propia, pero por su carácter y personalidad este pintor no pudo vender sus cuadros porque guardaba los más hermosos para él y no los mostraba a las personas.

Murió en la pobreza a pesar de su gran talento. En la actualidad sus cuadros son unos de los más valiosos del mundo. Entonces pregunto ¿De qué sirve tener los cuadros más hermosos del mundo escondidos si nadie los puede ver para apreciar su belleza? ¿De qué sirve toda la información del mundo en una computadora si nadie la puede encender para acceder a ella? ¿De qué sirve todo el conocimiento del mundo en el cerebro de una persona si no lo transmite a los demás para que el mundo evolucione?

Piense por un momento en esto: ¿Cuál es la principal cualidad que debe tener un líder para poder ejercer liderazgo? La respuesta es muy sencilla, "seguidores". Sin "seguidores" no puede ejercer liderazgo.

Ya se ha discutido mucho sobre las características de un líder, sobre cuáles son los elementos indispensables y sobre los tipos de liderazgo pero si existe algo en común entre todas las personas que ejercen liderazgo que no puede ser discutida, es la cualidad de tener seguidores. Y para tener seguidores (aliados) necesita convencerlos de sus ideas, generar objetivos atractivos y una clara visión de lo que quiere, crear ambiente de credibilidad y motivación, por lo tanto requiere comunicarse de forma eficaz.

Lo que quiere decir entonces y desde mi punto de vista que, las habilidades comunicativas de los líderes no son opcionales. Las habilidades comunicativas de los Líderes son obligatorias. Jesús de Nazareth era un excelente comunicador y líder, los grandes líderes de la humanidad han sido excelentes oradores y comunicadores, Mahatma Gandhi, Nelson Mandela, Martin Luther King, Hellen Keller, Simón Bolívar, Juan Pablo II, todos estos líderes tuvieron que convencer a sus seguidores de sus ideales y filosofías, metas y propósitos pero tuvieron que hacerlo apoyándose en una comunicación eficaz que iba más allá de lo visible por el ser humano, tuvieron que apoyarse en *La Comunicación de los Líderes*.

Los seres humanos desde siempre hemos sentido la necesidad de comunicarnos para lograr nuestros cometidos. La comunicación es de suma importancia para los individuos. Muy pocas veces se puede lograr algún objetivo sin necesitar de los demás ya sea de manera directa o indirecta, casi siempre es necesaria la ayuda de los otros, por esta razón se hace indispensable comunicarnos con liderazgo para que esa ayuda de terceros llegue de manera efectiva.

Analice un poco y trate de colocarse una meta para ejecutar algo, piense en realizar alguna actividad por pequeña que sea. Tómese unos instantes para esto, 30 segundos al menos. Por ejemplo, usted quiere leer este libro, entonces usted necesita de la persona que lo escribió, de quien lo imprimió, de quien lo encuadernó, necesita luz si está en un lugar oscuro, ¿no es verdad? Eso se llama principio de interdependencia que en comunicación es un aspecto muy significativo.

Actualmente no existe independencia absoluta, la mayor parte de las veces necesitamos de alguien, quien nos "tienda la mano". Es por ello tan importante que mejoremos las relaciones interpersonales e incrementemos nuestro poder de convencimiento. Si usted no sabe comunicarse, no tiene poder. La comunicación es poder. Le voy a explicar brevemente por qué.

En estos momentos estamos en la era de la información; al principio sólo existían los libros y los periódicos, es decir, la información escrita, después se inventó la radio y la información se movía a una velocidad moderada, luego llegó la televisión y la información viajaba por el mundo mucho más rápido, se puede decir que triplicó la rapidez con que la gente accedía a ella. Si usted busca en internet hoy, conseguirá información de lo que desee; si antes la información volaba, hoy se tele transporta. Los nuevos teléfonos tienen la opción de estar conectados a web, lo que permite que la información esté al mismo tiempo en todo el mundo, esto sumado a las redes sociales como Facebook, Hi 5, Twitter, Youtobe, entre otras, hacen que la trasferencia de información crezca y se multiplique de forma instantánea. Dicho de otra manera, hoy en día no es tan importante conseguir la información porque hay demasiada y está "a la mano" de todos, lo que importa es cómo es transmitida ésta, es decir, el cómo comunicarla.

Dos personas pueden escribir un libro de comunicación y uno puede ser exitoso y el otro no, así hablen exactamente de lo mismo, lo que importa es la forma de presentarlo, la organización de los contenidos, el ingenio y creatividad de cada quien.

Cada persona maneja una cantidad de información que varía de una a otra, en algunos casos la diferencia estará en la manera en que cada una de ellas aplique las técnicas y establezca los mecanismos de comunicación, en cierto modo no importa lo que se diga sino quién lo diga y cómo lo diga.

Una amiga mía una vez recibió un mensaje de texto amoroso de esos que las personas reenvían (mensaje en cadena) de un chico que "gustaba de ella", pero a quien ella no le prestaba mucha atención y me comentó; –"fíjate amigo este tipo si es estúpido y que mensaje tan estúpido"– minutos después le llegó el mismo mensaje de texto pero de un chico a quien a ella si le gustaba y me dijo muy ligeramente; –"mira amigo que mensaje tan hermoso y que hombre tan hermoso– entonces me pregunté ¿qué había de diferente? Si era el mismo mensaje con las mismas palabras, sólo una diferencia; quién lo dijo, es por eso que digo que el cantante es más importante que la canción.

"El cantante es más importante que la canción". Si usted escucha una canción de su cantante favorito, seguramente se siente a gusto por la forma en que sus oídos perciben esa melodía pero si la misma canción es cantada por otra persona, probablemente no tenga el mismo efecto en usted, a pesar de ser la misma canción. Pues, así funciona la comunicación. Si usted no sabe comunicar la información que posee, de tal manera que genere un impacto y que las personas puedan valorarla, entonces usted no tiene poder.

Comentarios del Lector

La Real Academia Española (RAE) en una de las definiciones que tiene en su portal digital alega que comunicar es "transmitir señales mediante un código común del emisor al receptor". Al llevar esta definición al ámbito deportivo se evidencia claramente que la relación entre el entrenador y sus atletas debe ser muy estrecha a la hora de comunicar las cosas y también entenderse en el momento de dar los mensajes. Un ejemplo claro sucede cuando se está en competencia y en los momentos más apremiantes el entrenador o director técnico quiere expresarle algo a sus dirigidos pero la distancia o quizás la bulla del público impiden llamar la atención de sus pupilos, entonces por medio de un silbido particular logra llamar la atención de su o sus muchachos y con gesticulaciones obtiene el cometido que es dar la información (cualquiera que sea esta). En el atletismo puede ser para corregirle algún error en el gesto técnico al atleta o en el baloncesto podría ser para avisar que algún jugador del equipo contrario que está en juego le falta un foul para salir de la cancha por acumulación de las mismas. Es por ello que un gesto, silbido o cualquier otra seña pueden ayudar a comunicar algo, sin tener la necesidad de usar única y exclusivamente la voz.

Prof. Alfredo Montaño.

COMUNICACIÓN EN PROBLEMAS

Cuando la comunicación no es efectiva se tienden a generar grandes problemas, se pierden relaciones familiares, de parejas, amistades, entre vecinos, entre las naciones, ocurren guerras, quiebran grandes empresas y pare usted de contar. Kim Kiyosaki en su libro Mujer Millonaria menciona que existe a nivel mundial 50% de divorcios y la gran mayoría de estas situaciones obedecen a problemas de comunicación entre las parejas. El problema de que las parejas se separen por no saber comunicarse es que casi siempre quedan emocionalmente afectadas y los hijos sufren traumas que requieren de mucho tiempo para poder recuperarse.

Robert Kiyosaki, quien es uno de los inversionistas más importantes del mundo y muy conocido por su libro "Padre Rico Padre Pobre" dice que el 80% de las empresas que inicia el mundo empresarial quiebran y el porcentaje más alto es debido a la mala organización y comunicación entre sus empleados sólo el 20% se mantiene porque incluyen programas de formación a sus empleados donde perfeccionan modelos comunicativos que garantizan mejor interacción y trabajo de equipo en la empresa y por ende mejor producción y ventas.

En la actualidad, se invierte más en la milicia que en las escuelas, se invierte más en un soldado que en un estudiante, es decir que el mundo se prepara más para la guerra que para la paz y todo esto se debe a que no se están buscando caminos para mejorar la comunicación, se le presta quizás poca importancia a este tema. Debemos mejorar nuestra comunicación para salvar al planeta, a las naciones, a las comunidades, a las familias, a las parejas, se están viviendo momentos delicados, el calentamiento global, las guerras entre países, los conflictos políticos, raciales, de género, entre otros. Es necesario hacer llegar los ideales y los valores a las personas de una mejor manera para que se genere un cambio de actitud. El mundo, tal como lo conocemos debe cambiar, de lo contrario nos vamos a extinguir por no sabernos comunicar ¡*es hora de trabajar para mejorar la forma en que nos comunicamos!*

Mejore su comunicación y obtenga beneficios

El Problema no es el Problema

Los problemas de comunicación siempre van a existir, en vista de que somos seres humanos y estamos sujetos a cometer errores. Somos similares en muchos ámbitos como personas, también tenemos diferencias en nuestras formas de pensar, de interpretar.

Tener diferentes formas de interpretar la información y de ver el mundo desde diversos puntos de vista nos lleva a obtener diferentes conclusiones que van a permitir que no estemos de acuerdo en todo. Siempre van a existir las diferencias.

Por esta razón el problema no es el problema de comunicación, sino la actitud con que se reacciona ante las situaciones y lo que hagamos para prepararnos en pro de disminuir dichos problemas.

En toda familia hay problemas, en toda empresa también, en fin en todas partes donde hayan personas los va a haber, siempre van a existir, mire a su alrededor, imagine, visualice las situaciones que se presentan de malos entendidos en todos los ambientes. Siempre van a estar allí.

"El lenguaje no llega a expresar todo lo que ocurre en nuestra mente, por eso la gente tiende a no entenderse entre sí". Lair Ribeiro.

Hasta ahora es una condición humana la imperfección, por esa razón la virtud de los líderes comunicativos es la de prever para minimizar esas situaciones a través de la aplicación de técnicas, actitudes y procedimientos y a la vez tener la mejor de las disposiciones para reaccionar ante estos acontecimientos que se presentan a nivel comunicativo en todos los ámbitos.

El ser humano tiene una sola tarea segura desde que nace hasta su trascendencia biológica, resolver problemas.

No comprendo por qué hay personas que se molestan y se desesperan cuando tienen un problema, si esa es su única tarea segura. Y si puede aprender de esa tarea, la vida tiene más significado.

Quizás la gran mayoría de los problemas que presenta el ser humano son problemas de lenguaje y comunicación.

Nunca he visto a un mono llorando porque no le hicieron un regalo de cumpleaños.

"Quien se deja llevar por la circunstancia pasa a ser parte del problema". John Seymour y Joseph O´Connor.

En el año 2003 se le hizo un homenaje en vida a Celia Cruz, una artista que trascendió generaciones gracias a su música y personalidad a la hora de presentarse en el escenario y también fuera de este. Su sencillez y humildad conquistó muchos corazones en el mundo. En ese homenaje le hicieron una entrevista a ella y a Pedro Knight quien fue su esposo y con quien compartió una vida en matrimonio que duró más de 40 años.

Una de las preguntas que le hicieron era: ¿Cuál fue la fórmula que mantuvo su matrimonio durante tanto tiempo? La contestación de Celia fue que el elemento central del éxito en su matrimonio fue la comunicación, afirmaba que ellos tenían diferencias y no en todo podían estar de acuerdo. Sin embargo, la forma de abordar esas diferencias, procurando comunicarse de manera eficaz "limando las asperezas" y resolviendo las situaciones que se le pudiesen presentar, fue lo que hizo que vivieran una vida llena de felicidad.

CONCIENCIA vs. INCONSCIENCIA

Nuestra forma de pensar y ejecutar cualquier actividad como seres humanos puede dividirse en dos aspectos, podemos pensar y actuar de manera consciente y/o de manera inconsciente. Si yo le pregunto si recuerda el momento en el que se cepilló los dientes esta mañana, seguramente lo recuerda con claridad, pero en el momento que usted se estaba lavando los dientes no le prestó mayor atención a esa actividad, la realizó de forma automática.

Así funciona nuestra mente, una parte está consciente de lo que estamos haciendo (se da cuenta de lo que hacemos) y otra está inconsciente (no se da cuenta de lo que hacemos).

Según la teoría freudiana de la personalidad, tenemos un estado inconsciente y un estado consciente de nuestra mente como seres humanos y se puede decir que es un modelo interesante que explica la forma como actuamos, siendo de suma utilidad para comprender varios aspectos de las conductas humanas.

Yo no conozco personalmente al inconsciente, nadie me lo ha presentado pero sé que existe, aunque una señora que asistió una vez a un seminario nuestro me dijo que si conocía al inconsciente y que estaba en su casa acostado viendo televisión y no la ayudaba en los quehaceres.

La mayor parte de lo que hacemos ocurre de manera inconsciente. Mientras aprendemos alguna actividad o proceso, necesitamos tener toda nuestra atención posible para comprender la forma de hacerlo bien, luego vamos automatizando lo que estamos aprendiendo y al final lo aprendemos completamente, lo internalizamos y lo hacemos de manera inconsciente.

Ahora usted se preguntará ¿Qué hacemos nosotros conversando acerca de la mente consciente e inconsciente en un libro sobre comunicación? Siga leyendo y tendrá la respuesta.

El Aprendizaje, la Clave de la Comunicación de los Líderes

Antes de que siga leyendo me gustaría que por favor responda a estas tres preguntas marcando con una equis (X) la que considere más adecuada. También puede hacerlo de forma mental.

1. Comunicarse con liderazgo es:

• Un don con el que se nace_____

• Se puede aprender_____

• Las dos anteriores_____

• Ninguna de las anteriores_____

2. Se puede mejorar la comunicación:

• En un momento específico de la Vida_____

• En cualquier momento de la Vida_____

• Nunca en la vida_____

3. Escriba o piense en las razones del porqué respondió de esa manera ¡Hágalo! ¡Este es su libro! ¡Escriba! Muchas veces decimos cosas importantes que luego se olvidan, pero si las escribimos quedarán por siempre y podremos acceder a ellas cuando queramos, recuerde que no es lo mismo que el mundo pase por usted y deje una huella a que usted pase por el mundo y deje su huella Cuando usted vuelva a leer este libro (porque fue escrito para que lo lea varias veces) y llegue a esta parte, su opinión será distinta porque quizás sus ideas y puntos de vistas cambien, pero si no escribe nada ahora, entonces escribirá lo que quiso escribir la primera vez, así funciona la evolución. ¿Entonces qué espera? ¡Evolucione!_____
_____
_____
_____

Para que usted pueda aprender a comunicarse, primero debe saber algo muy importante sobre aprendizaje. Debe saber que el aprendizaje atraviesa por una serie de etapas, que se van desarrollando de manera paulatina. Sólo hay que mantener la atención en nuestra actitud en cada una de esas etapas, en vista de que es posible que en una de esas etapas, por estar el cerebro experimentando algo nuevo, usted sienta confusión, lo cual es normal en todo aprendizaje.

Es decir que la confusión es parte del aprendizaje. Permítame explicarlo de una mejor manera.

Todo aprendizaje, ya sea de un procedimiento, de alguna lengua extranjera, de alguna materia en particular o de las mismas técnicas de la comunicación en sí, pasa por cuatro etapas y la confusión es un elemento que aparece como señal de que se está generando conocimiento.

Todos pasamos por esto cuando éramos bebés antes de aprender a caminar, ahora caminamos sin darnos cuenta, lo hacemos de forma natural. Un bebé recién nacido o con pocos meses de vida no sabe que se camina, ni siquiera está preocupado por aprender a caminar porque no sabe que ese proceso existe. Esta es la etapa número 1 y se llama ignorancia, cuando la persona no sabe que no sabe, que es exactamente lo mismo que le ocurre al bebé.

Luego está la etapa 2 llamada información, el bebé a través de su capacidad de percepción, observa que hay personas que caminan y se da cuenta que él no sabe caminar, es decir sabe que no sabe caminar. En la etapa 3 conocimiento el bebé trata de empezar a caminar, pero no lo puede hacer de una vez, cae y vuelve a caer y se siente confundido, pero el bebé sigue adelante con su cometido y nada lo detiene en ese proceso, porque en su estructura psicológica no existen obstáculos que lo detengan. Por el contrario, su poder de perseverancia es gigantesco (por eso los niños nos superan aprendiendo más rápidamente) y el bebé logra su objetivo de caminar pasando a la etapa 4 llamada sabiduría, donde perfecciona la caminata y luego ni siquiera se da cuenta que está caminando, como lo hace usted hoy en día.

Así funciona el proceso de aprendizaje, que es totalmente aplicable a cualquier situación en cualquier campo.

La clave es que cuando usted se inicie en una actividad en la cual no tiene mucha experiencia, se prepare más para la equivocación, para el error, que para el éxito. Ojo, no es que sea pesimista, sino que al hacerlo de esta manera se estará preparando para estar alerta a que debe mejorar, le llevará a tomar medidas de una mejor manera y, lo más importante tener un estado emocional que no le va a per turbar porque va a asumir los errores y la confusión como parte del proceso de aprendizaje.

De esta forma, es que se producen la mayoría de los aprendizajes en nuestra vida y habría sido muy útil haberlo aplicado desde la escuela y en nuestros momentos de confusión tendríamos una actitud distinta por el nuevo aprendizaje. Nunca es tarde para aprender las cosas buenas, así que cuando se sienta confundido al tratar de aplicar alguna técnica de comunicación que se le plantee en este libro, siéntase contento porque el aprendizaje está por llegar.

"La capacidad de aprender más deprisa que la competencia, quizás sea la única ventaja competitiva sostenible". Joseph O´Connor Y John Seymour.

"Aceptar el error es la base del descubrimiento, aprendiendo a dominar la frustración. Cuando uno se adentra en un territorio incierto y desconocido, la clave no es prepararse para el éxito inmediato sino para el fracaso. Las personas de éxito tienen una elevada capacidad para reciclar los errores y aprender de ellos, de tal manera que cuando caen no se desmoralizan, sino que persisten con el mismo entusiasmo probando nuevos abordajes". Mario Puig.

Cuando usted esté aplicando las técnicas de La Comunicación de los Líderes, en una negociación, hablando con su jefe, con amistades, con los aliados que quiera ganar, muy probablemente cometerá algunos errores al principio, pero luego obtendrá maestría en comunicación, va a estar descubriendo cómo aplicar y cómo ajustar todas las técnicas a su personalidad y estilo. Sólo tiene que perseverar, estar pendiente de los detalles donde tiene que mejorar y cambiar lo que está haciendo mal por lo que debe hacer bien y por último, tenga una actitud positiva pase lo que pase, esa es la clave y el secreto de los mejores.

Comentarios del Lector

Cada individuo puede nacer con el don de liderazgo pero también pudiera desarrollarlo a lo largo de su vida en cualquier momento de la misma, siempre y cuando organice de forma estructurada los requerimientos para el logro de tal fin. Milexi Márquez.

Elementos de una Comunicación

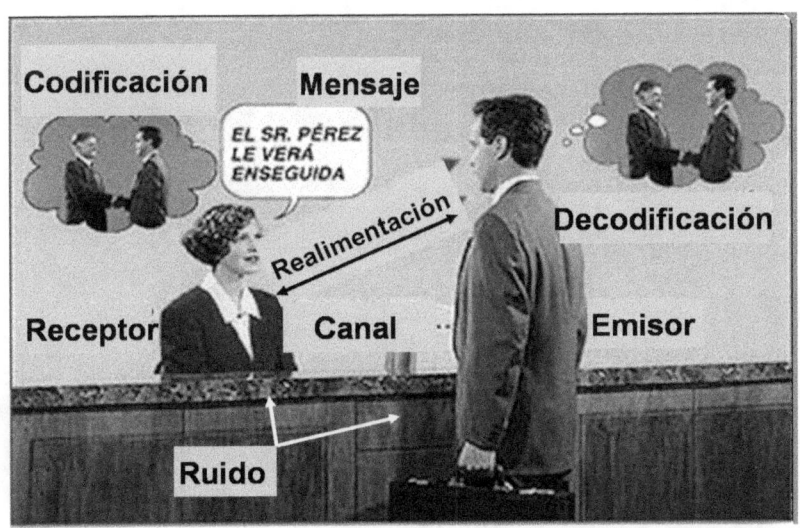

¿Para usted cuál es el elemento más importante en una comunicación? Marque con una equis (X) y piense por un momento el que considere.

- Emisor_____
- Receptor_____
- Mensaje_____
- Canal_____
- Ruido_____
- Codificación_____
- Decodificación_____
- Realimentación_____
- Otro_____

ESTRUCTURA DE UNA COMUNICACIÓN

En la comunicación existen diversos elementos, como lo son el emisor (usted), el receptor, el canal, el mensaje, el ruido, la realimentación, la codificación y la decodificación. Muchas personas creen que lo más importante entre todos estos elementos es el emisor, porque representa a quien habla, pero no es así.

En La Comunicación de los Líderes el elemento más importante es el receptor, en vista de que es a él a quien nos tenemos que amoldar y adaptar el mensaje para transmitírselo.

Por ejemplo, no es lo mismo darle un mensaje a un docente que a un militar o a un mensajero o a un estudiante o a un empleado; el mismo mensaje será transmitido de diferentes maneras de acuerdo al receptor. Es allí donde radica la comunicación de los líderes y el poder de convencimiento, en adaptar el mensaje de acuerdo a la persona. Más adelante se va a profundizar al respecto, esté pendiente y siga leyendo.

Ahora bien, la realimentación que es la respuesta que emite ese receptor, es donde usted debe centrar la atención en vista de que las personas son diferentes y un mismo mensaje puede provocar una respuesta diferente en cada persona. Es allí donde usted debe estar alerta para darse cuenta de los detalles y ajustar su comunicación a lo que desee obtener.

Es decir entonces que La Comunicación de los Líderes se basa en el siguiente principio "el significado de una comunicación es la respuesta que se recibe". Usted puede tener muy buenas intenciones a la hora de comunicar algo pero la sola intención no funciona en comunicación. Si recibe una bofetada, eso fue lo que significó su comunicación, si recibe un beso, eso fue lo que significó su mensaje; es decir, usted tiene total responsabilidad de lo que comunica y usted es quien tiene el poder para cambiar esa bofetada por un beso a través de las técnicas y verá a continuación cómo transformar su liderazgo en un liderazgo asertivo y comunicativo, que es una cualidad esencial del líder. ¿Empezamos?

Comentarios del Lector

Tomando en cuenta el desarrollo del tema que tocan en este libro tan especial, quiero comentar que para que una comunicación sea efectiva, el Emisor (líder) tiene que poner en práctica toda su elocuencia, carisma y poder de convencimiento para "llegar" al Receptor, sea cual sea su estatus, nivel educativo, raza o convicción religiosa, sexual o política. Al igual que es importante la utilización de los ejemplos, éstos ofrecen una visión más clara del mensaje que se transmite y el emisor también tiene que adaptarse al tipo de situación que conlleve la alocución. Igualmente, puede que se conozcan muchos temas, técnicas, metodologías (Mapas), pero para ser eficaz no basta con el conocimiento, hay que dominarlos (Territorio) para que el mensaje transmita confianza, credibilidad y la concurrencia o receptor, termine aceptando y haciendo lo que el Emisor le está indicando.

Por supuesto, hay que transmitir así mismo, mucho entusiasmo y hablar con el corazón, porque aquel que se considere líder y no hable de corazón sólo está emitiendo palabras vacías". Rubén Mogollón.

LA CONDUCTA NO ES LA PERSONA

Para poder empezar a lograr excelencia en la comunicación y ganar aliados es importante entender que el mapa no es el territorio. Los mapas son valiosos, nos dan una referencia de cómo son las cosas y se muestran importantes para guiarnos en la vida. Los mapas representan la realidad. Un mapa puede ser de papel y tener colores para diferenciar regiones, sin embargo, el territorio es mucho más rico en contenidos y en gente, en tierras y otros aspectos que lo que el mapa representa.

Algo similar ocurre cuando una empresa quiere contratar a un empleado y se centra sólo en su currículo. El currículo no es el trabajador. Cuántas veces se ha visto que un individuo tiene un excelente currículo, muchos estudios, cursos y ha trabajado en muchas partes y resulta no ser buen trabajador y alguien que no tiene mucha experiencia puede superarle ¿ha vivido un caso así en su trabajo? ¿Conoce alguno? ¿Le parece familiar?.

Obviamente, el currículo es importante y nos da una reseña de la persona, pero no necesariamente el currículo va a decir todo del empleado, no obstante hay personas que apostarían su vida por creer que el currículo lo dice todo del trabajador.

Así muchas personas (gracias a Dios no la mayoría) piensan que lo que ven a simple vista es lo que en realidad es. El mapa no es el territorio, el menú no es la comida y más importante aún, la conducta no es la persona. Los sentidos no le dicen de forma puntual lo que en realidad está ocurriendo, por ejemplo; la tierra gira alrededor del sol, pero a simple vista pareciera que el sol es el que gira alrededor de la tierra. Tuvieron que pasar años y utilizar tecnología de avanzada para que nos diéramos cuenta de esto.

Casi cobran la vida de Galileo por hacer este descubrimiento en siglos anteriores gracias a la invención del telescopio. Entonces, es prudente para ser excelentes comunicadores, iniciar por mantener curiosidad ante las cosas y no juzgar; quien juzga pierde el poder de observar. Las creencias, los sentidos, las experiencias pasadas, el lenguaje y los valores inculcados en casa a tempranas edades, hacen que nosotros tengamos un mapa de la realidad único de cada persona, pues el cerebro, en cierto modo limita de manera representativa lo que en realidad son las cosas, siempre que usted piense algo de alguien o de alguna situación, sepa que ese alguien o esa situación es mucho más que eso que usted está pensando.

Este es un principio muy importante para la comunicación de los líderes y para aumentar nuestro poder de convencimiento, porque el mantenerse siempre con claridad para no juzgar las conductas de los demás y por el contrario procurar comprenderlas, entender su mapa, le va a permitir entrar armónicamente al campo del otro y jugar en el "estilo de juego" de la persona o personas con quienes se comunique. El buen comunicador es un excelente observador y un excelente observador no saca conclusiones apresuradas sino que piensa de manera flexible, sabiendo que lo único que existe son puntos de vista.

"Toda observación es relativa al punto de vista del observador (Einstein). Toda observación se hace desde una teoría (Hanson). Toda observación afecta al fenómeno observado (Heisenberg). No existen hechos, sólo interpretaciones (Nietzsche). Estamos condenados al significado (Merleau-Ponty). Ninguna ciencia está capacitada para demostrar científicamente su propia base (Descartes). La pregunta ¿Qué es ciencia? No tiene una respuesta científica (Morin)". Miguel Martínez Miguélez.

Comentarios del Lector

Cuando ingresé a la universidad sólo conseguí la amistad de pocas personas en el curso donde estaba y no entendía por qué. Al cabo de un tiempo era necesario realizar grupos numerosos para obras de teatro, entrevistas y obras de títeres, donde se requería de una interacción constante con los demás. En las conversaciones que surgían en el grupo algunas personas me decían que yo no era de su agrado al inicio y les pregunté: ¿por qué? a lo que me respondieron –que me veía muy seria–. Al plantear esto me di cuenta de que estas personas sin conocerme me juzgaron, lo cual es un error que ocurre frecuentemente en escuelas, institutos, universidades, organizaciones entre otras, ya que en muchas ocasiones estamos acostumbrados a juzgar negativamente a individuos con los que aún no ha existido ninguna relación. Anais Cavaniel.

Muestre estos dibujos a varias personas y pregunte ¿que ven? puede memorizar o anotar las respuestas. Luego reflexione acerca de ¿Quién tiene la razón?

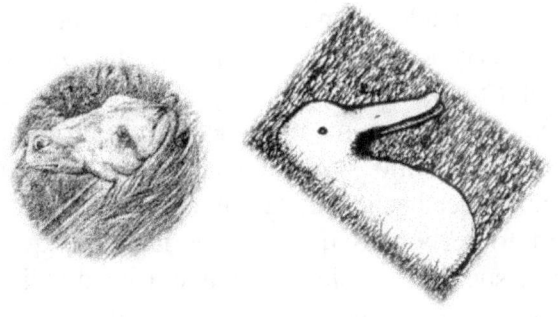

LOS ACTOS BÁSICOS DEL LENGUAJE

Según el doctor Lair Ribeiro, en su libro La Comunicación Eficaz, el lenguaje tiene 5 actos básicos: 1) la Oferta; son los ofrecimientos que usted hace, ofrecer no es lo mismo que prometer, tenga cuidado con lo que ofrece, porque si la otra persona lo acepta se convierte en una 2) Promesa, segundo acto básico del lenguaje. Cumpla lo que ofrece, no tanto por la otra persona a la que le ofreció (lo cual es muy importante porque si no cumple va a quedar mal y como veremos más adelante eso es mortal para comunicarse con liderazgo y ganar aliados) sino por usted, ya que pierde credibilidad en usted mismo, de manera inconsciente, pierde inteligencia intrapersonal y además, pierde poder personal.

Cuentan que la empresa Nintendo, al principio, no se dedicaba a video juegos sino a la venta de cartas (naipes japoneses) y un empleado llamado Shigeru Miyamoto, que trabajaba para el servicio de mantenimiento, fue uno de los primeros en inventar un software para juegos de videos que llevó a la empresa al éxito que actualmente tiene, el jefe de Miyamoto complacido con esto le dijo que pidiera lo que quisiera, en agradecimiento por haber hecho que la empresa surgiera. Ante la propuesta Miyamoto respondió que no quería nada, que si le quería aumentar el sueldo lo hiciera de manera justa. Miyamoto era una persona muy humilde que disfrutaba de su trabajo.

Pero el jefe insistió en que pidiera lo que quisiera. Entonces Miyamoto le dijo, me vas a cancelar por día de trabajo y me pagas al final de mes. Quiero que el primer día me des un Yen (que es la moneda que circula en Japón), el segundo día dos Yen, el tercer día cuatro Yen, el cuarto día dieciséis Yen y así sucesivamente hasta el último día del mes.

El jefe le dijo, si eso es todo lo que quieres dalo por hecho, por lo que llamó al contador para que le calculara el sueldo de un mes a Miyamoto. Una vez hecho el cálculo le dijo al jefe lo que tenía que cancelar. Este se quedó atónito al ver la cantidad de dinero que tenía que pagar al final de mes a Miyamoto. De haberle pagado un mes a Miyamoto, la empresa quedaría en la quiebra nuevamente. Por eso debemos tener cuidado de lo que ofrecemos, ya que cumplir es una función importante de los líderes y al hacerlo, se genera en las personas confianza aumentando su poder de convencimiento.

Otros actos básicos del lenguaje son, 3) Aserción y la 4) Evaluación. La aserción es una afirmación que se puede comprobar a simple vista, por ejemplo; usted puede decir al leer este escrito que está viendo letras y si las personas que están a su lado también las ven entonces eso es una aserción, porque se puede comprobar de manera sencilla y fácil, pero cuidado, si usted dice, por ejemplo, que José está deprimido porque está cabizbajo, esta es una evaluación, no una aserción y las evaluaciones sólo pueden hacerla los especialistas, en este caso un Psicólogo.

Por otro lado, puede ser que su comentario hiciera que en verdad José se sienta deprimido, recuerde que el lenguaje no sólo describe la realidad, sino que también el lenguaje crea la realidad. Usar la evaluación en lugar de la aserción es la principal causa de los problemas de comunicación en el mundo entero, pensar que una persona se comporta de una manera por tal o cual causa hace que otros lo asuman como verdad. Esto tiende a ser extremadamente destructivo en las personas que lo valoran. Por suerte no todas las personas le prestan atención a esto. Confundir la evaluación con la aserción es uno de los principales males de la comunicación en todos los ámbitos.

EL PODER DE LA PETICIÓN

Permítame hacerle una pregunta, puede responderla por escrito o mentalmente.

- ¿Cuál es su capacidad para solicitar algo en la escala del 1 al 10?_____

Hay otro acto básico del lenguaje al que le vamos a prestar más atención y es 5) la Petición. Las personas que solicitan algo y lo reciben tienen un poder impresionante, imagine que todo o la mayoría de las cosas que usted pide a las personas, las reciba. Ese sería un poder extraordinario, las personas que saben pedir gozan de ese poder, los ladrones no piden, roban y tienen un poder pero destructivo y negativo. Este poder que las personas poseen cuando piden y consiguen está directamente vinculado con el poder personal. ¿Ya respondió a la pregunta inicial? Todavía está a tiempo.

Para que las personas puedan desarrollar el poder de petición, tienen que desarrollar el poder personal. Los verdaderos líderes asertivos gozan de poder personal y es un poder que llevan consigo a todos lados, está con ellos las 24 horas del día. Estas personas que tienen poder personal, donde quiera que se paren impactan con su presencia. También está el poder posicional que es el que le dan las posiciones en el trabajo, por ejemplo, un general en el ejército tiene poder posicional dentro del ejército pero al salir de allí, no depende más de su poder posicional, ahora depende del poder personal. El poder personal depende de la capacidad de comunicarse asertivamente y con liderazgo, de influir en las personas de manera positiva.

A veces observamos personas que son respetables, que inspiran liderazgo y que no son de altos cargos en las empresas, en los hospitales, y así por el estilo; quizás estas personas son sólo obreros, empleados de la limpieza pero son excelentes personas que tienen poder personal y que muchas veces merecen más respeto dentro de la organización que los mismos jefes. De eso se trata el poder posicional y el poder personal. Una vez trabajando en una tienda de pintura, había un señor llamado Jesús que tenía un liderazgo bien importante en cada uno de los trabajadores. Era un señor muy sabio y líder asertivo; todos lo respetaban, de hecho los otros trabajadores lo respetaban más que al mismo jefe. Era tal el respeto que el mismo jefe lo llamaba para pedirle consejos sobre cómo tratar a los empleados en la empresa. Y al salir de la empresa, al señor Jesús lo seguían respetando, pero el jefe al salir de la empresa era uno más; es decir, el señor Jesús tenía poder personal y el jefe sólo poder posicional. Cuando el señor Jesús pedía algo a alguien difícilmente se le negaba la petición, porque tenía mucho poder personal.

La pregunta que debe hacerse usted es ¿a todos los sitios donde voy me tratan igual, me tienen respeto, tengo poder personal? El poder posicional depende en gran medida de su poder personal, el poder posicional no sirve de mucho sin poder personal. Ahora bien, la buena noticia es que el poder personal se puede aprender cuando usted lo desee, a través de técnicas que va a poner en práctica a partir de ahora.

No importa si usted no posee mucho poder personal, si ya lo tiene lo puede perfeccionar para influir mejor en las personas. Oiga bien, es importante saber que la influencia es una acción que una persona ejerce sobre otra, predominando el prestigio, la credibilidad, la confianza, la ayuda y el beneficio mutuo.

Cómo Aumentar el Poder de Petición

El primer elemento que hay que tener en cuenta para sumergirnos en esta melodía de la petición y crear un contexto psicológico para aumentar su poder personal es la ley de reciprocidad. Esta ley ya debe ser conocida por usted y de seguro la aplica quizás inconscientemente; funciona de la siguiente manera: cuando usted le hace un favor a una persona existe una tendencia arraigada de que esa persona haga algo por usted y le devuelva el favor. Tenga cuidado de quien acepta ayudas, porque recibir pequeños favores de la gente hace que luego tengamos el compromiso inconsciente de reponer esos favores quizás con grandes favores.

Cuando quiera solicitar algo a alguien, primero haga algo por esa persona, dar más de lo que uno pide asegura el poder de petición, dar más no significa que usted va a dar por ejemplo 1.000 para recibir 500. Dar más significa dar lo mejor, esmerarse, hacerlo bien y que la persona a quien usted le sirva se sienta satisfecha, contenta por lo que usted está haciendo en ese momento por ella, que el mensaje que le llega a la persona sea de agrado y así asegura su petición. La pregunta que debe hacerse antes de pedir algo es ¿qué he hecho por esa persona? no puede perder de vista que si nunca ha hecho nada por la persona, entonces no le va pedir nada, sólo que si hace algo por ella, entonces actuará la poderosa ley de reciprocidad en su cerebro.

Y es que la ley de reciprocidad es extremadamente poderosa. No lo cree todavía. Déjeme contarle esta historia.

Era el día del cumpleaños de mi hijo mayor y estaba con toda la familia en la casa de la playa, llovía torrencialmente y al lado de la casa estaban unas personas que no conocíamos, pues nuestros vecinos les habían alquilado la casa de playa a ellos. Estas personas procuraban hacer una parrilla pero no podían en vista de la abundante lluvia y su parrillera se mojaba. Entonces se atrevieron a solicitarnos nuestra parrillera portátil con la cual podían hacer la parrilla adentro de la casa, por lo que pudieron hacer su parrillada sin ningún problema. Terminada la parrilla nos ofrecieron un gran plato de parrilla que comimos con todo gusto. Al día siguiente nos tocó hacer hamburguesas para la cena y sentíamos la necesidad de retribuirles el favor a los vecinos regalándoles unas hamburguesas, era una fuerza interna que nos obligaba a darles algo, era la ley de reciprocidad la que actuaba ¿Por qué motivo? Porque el día anterior nos habían regalado un plato de parrilla. No conforme con eso, los vecinos inmediatamente de darles las hamburguesas, nos regalaron unos aguacates. No sé si a nuestros vecinos los invadió la fuerza de la ley de reciprocidad pero vimos una respuesta inmediata.

Procure ser sutil en la aplicación de esta técnica, en vista de que si se nota que usted hace algo por la otra persona por puro interés se pierde toda la comunicación, esto no es comunicación de los líderes; en cambio si cuando usted hace algo por alguien y lo hace de corazón, esto sí es comunicación de los líderes.

Otro elemento dentro de la petición es la autoridad. El director del Seguro Social que queda al lado del colegio donde trabaja mi esposa como docente, una vez le pidió a ella el favor de que le hiciera un proyecto donde los niños de la escuela pudieran asistir al hospital a hacerse chequeo médico semanalmente.

A pesar de que mi esposa estaba ocupada con mucho trabajo en esos días, accedió a elaborar el proyecto. La razón fue sencilla, la persona que lo solicitó fue una persona de "peso", una persona de autoridad. Si el Ministro de Vivienda de su país lo llama personalmente a usted que es líder de su comunidad, para que le entregue una lista de las personas que no poseen casas propias dentro de su comunidad, para darles viviendas, muy probablemente usted va a acceder a este pedido, independientemente de que compartan o no la misma preferencia política, sólo por una razón, la autoridad del Ministro.

Para ser una autoridad lo esencial es hacer las cosas bien hechas, dedicarse en su trabajo o profesión, leer y estudiar su rama laboral, servir de la mejor manera y relacionarse con la gente. Estos son aspectos que sirven para aumentar su autoridad. Es prudente saber que la autoridad no obedece al cargo o nivel jerárquico dentro de alguna institución o empresa, porque usted puede ser una autoridad en mantenimiento, ya que al hacer bien su trabajo, de manera sobresaliente y teniendo excelencia en lo que hace, entonces usted ya tiene renombre dentro de lo que es esta tarea y cuando se trate de hacer bien esta acción seguro le llamarán.

Otro aspecto que ha de favorecer su poder de petición es la confianza, la cual posee tres características: historia anterior (su pasado), su competencia y su sinceridad. La historia anterior tiene que ver con su pasado, si han sido buenas las acciones que usted ha tomado y la manera en que se haya comportado en el pasado. Si sus actos no han sido tan positivos, nunca es tarde para empezar una mejor vida llena de sinceridad, honestidad y competencia.

El siguiente elemento de la confianza es la competencia. La pregunta que debe hacerse usted aquí es: ¿Qué tan bueno soy haciendo lo que hago, a lo que me dedico? ¿He estado evolucionando y mejorando lo que hago? ¿Cuándo las personas busquen a alguien para hacer el trabajo donde me desenvuelvo, me buscarán a mí? Estas son algunas de las preguntas que lo guiarán para mejorar en su competencia. Ser competente es también adaptarse a los cambios y asumir los retos de su trabajo o de su vida con todo el interés y realizando el mayor esfuerzo. En tercer lugar está la sinceridad y la pregunta aquí es ¿Lo mismo que dice en público es lo que dice en privado?

¿Le dice a sus amigos o compañeros lo que piensas de ellos? No siempre se deben decir las cosas a las personas como salgan, recuerde que no importa lo que diga sino cómo lo diga. Hay dos elementos importantes a tener en cuenta a la hora de hablar de las personas y son los siguientes: si usted habla de alguien dígaselo tanto cuando esté presente como cuando no lo esté o no diga nada de nadie, no emita juicio, preferiblemente la segunda opción es la mejor. Por cierto, esta prueba de la confianza que usted se hace, también puede hacerla a las demás personas, si quiere confiar en ellas revise su historia previa, la sinceridad de la persona y la competencia.

El tema de la confianza es algo indispensable, usted tiene que aprender a confiar en las demás personas y a la vez debe generar confianza en los demás, esta acción debe ser recíproca. Si usted no puede desarrollar confianza en las personas lo más probable es que las personas tampoco confíen en usted, cuestión que perjudica su liderazgo y su comunicación.

La confianza es un recurso que funciona apropiadamente en las personas que están a su alrededor y sirve para que estas se sientan bien y puedan rendir más, trabajar mejor y querer dar el máximo en cada actividad. Con presión y con personas desconfiadas alrededor de nosotros es muy difícil rendir y tener éxito en lo que se hace, si hay algo que quiere el ser humano en su vida es sentirse seguro y confiado, si no pregúntele a las aseguradoras.

Por último, dentro de la petición está el consenso. Le recomiendo que tenga cuidado con oponerse a las culturas de las personas, a sus creencias. Si donde usted está creen en Dios, no hable mal de Dios. Un profesor de filosofía que tuve en la universidad me dijo una vez "no luches contra la corriente", yo diría que hay que saber "cuándo y cómo luchar contra la corriente" (lo vamos a ver más adelante). Por los momentos manténgase con tranquilidad y no luche contra las creencias de las demás personas en su entorno, siempre existe una forma de conciliar y llegar a consensos, sin embargo, querer hacerlo de manera inmediata es perjudicial para la comunicación. Si por el contrario, usted puede comprender a las otras personas le será mucho más sencillo entrar en sintonía y la Comunicación de los Líderes parecerá mágica.

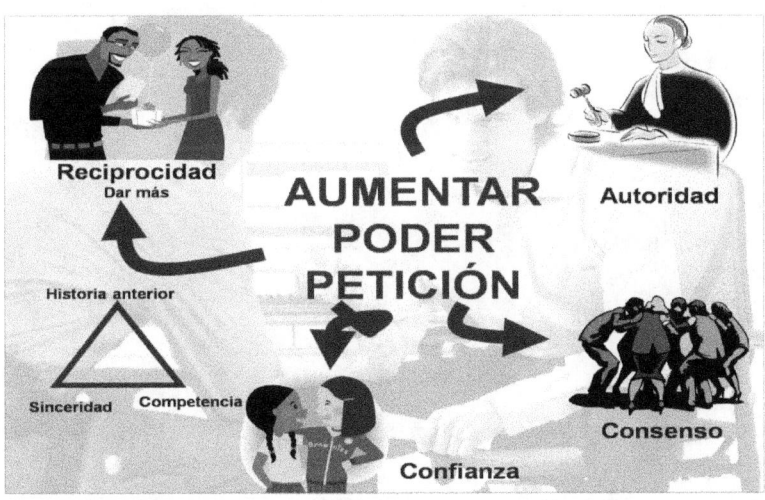

Antes de seguir leyendo por favor responda por escrito a la pregunta que se le hace a continuación.

- ¿Qué capacidad le gustaría tener de ahora en adelante cuando solicita algo en la escala del 1 al 10?_____

En la siguiente página vamos a conversar acerca de los secretos de los Líderes Comunicativos, usted debe estar muy alerta de ahora en adelante en la lectura.

LOS 12 SECRETOS

A continuación vamos a ver técnicas comprobadas para comunicarse mejor y ganar aliados. Este es un valioso recurso, fundamental para tener todo el éxito que usted desea en su ejercicio de liderazgo, porque mientras más "manos amigas" tenga usted para que le ayuden a lograr sus metas, sus tareas o sus objetivos, mayores son las probabilidades de éxito. A partir de ahora mantenga los ojos bien abiertos y los oídos bien alertas y sienta cada palabra que a continuación voy a mencionar para usted a través de la escritura.

En este momento voy a conversar con usted sobre La regla de Oro, la cual es aquella regla que se puede aplicar a la vida de las personas y que se encuentra escrita en la Biblia: "trata a tu prójimo como quieres que te traten a ti". Esta es una excelente regla para la humanidad, sin embargo, en comunicación es más brillante y productivo aplicar la regla de Diamantes, esta regla dice: "trata a tu prójimo como él quiere ser tratado". Por ejemplo, si usted invita a alguien a su casa a comer, usted le pregunta a esta persona qué es lo que quiere comer. Si a esa persona le gusta algo en especial, esté pendiente y dele lo que esa persona quiere, es un principio muy poderoso para la comunicación.

Parece sumamente sencillo y en realidad es un principio que al ser aplicado va a parecer mágico porque los logros que obtendrá usted con respecto al poder de convencimiento e influir positivamente en las personas serán considerables en su nueva vida de liderazgo.

Lo que usted va a ver a continuación es el desglose de la aplicación de la regla de diamantes paso por paso, para que de manera minuciosa usted "le saque el jugo" y el mayor provecho a la utilización de las técnicas. ¡Es hora de iniciar!

1. El Saludo: en este momento vamos a perfeccionar su saludo, usted se saluda con todas las personas a las que conoce, incluso se saluda con personas que no conoce y ese es un buen momento para ganar terreno valioso en su labor para conquistar aliados y aumentar su poder de convencimiento.

El apretón de manos fue una de las primeras manifestaciones de confianza mutua entre las personas, en vista de que el apretón de manos no era más que un breve ritual usado por el hombre desde tiempos inmemoriales y parece tener su origen en los pactos de hospitalidad. Su fin era demostrar el cierre de un acuerdo y exponer las buenas intenciones del contrario. Más adelante en la época de los caballeros quienes andaban con espadas, se daban la mano derecha para que en el momento de estrechársela se garantizara no poder sacar la espada y matar al oponente.

Usted sólo tiene una oportunidad de causar una primera buena impresión y esa primera impresión queda grabada en la mente de las personas por un largo tiempo, cada vez que esa persona lo vea va a sentir lo que sintió, oír lo que oyó y vivir lo que vivió ese primer día. Saludar es ese primer paso firme en el camino de ganar aliados e incrementar su poder de convencimiento. En la actualidad de todas las transacciones que se pierden, de todos los negocios que se caen, ocurre un porcentaje de casi el 45% por no saber saludar a la otra persona y un aspecto de relevancia es el apretón de manos. Según como usted ejecute el apretón de manos y el tiempo que dure puede transmitir, sensualidad, confianza, desconfianza, frialdad, calidez; asimismo, las otras formas de saludo como el beso o el abrazo.

Imagine un hombre alto, de piel oscura y fuerte que le guste apretar fuertemente la mano cuando saluda y otro de piel clara, de contextura delgada y pequeño que al dar la mano para saludar la da de manera suave que casi ni se siente y en el momento del saludo para empezar un negocio o cualquier relación entre estos dos personajes, el hombre alto y fuerte va a pensar que el pequeño que da la mano suave no es sincero y es demasiado pasivo, por el contrario el pequeño pensará que el hombre que aprieta la mano fuerte es muy agresivo y dominante. Esta es una de las razones por las que se pierden las relaciones antes de empezarlas.

La gran mayoría de las personas practican el apretón de manos de forma inadecuada y usted para mejorar su liderazgo debe adaptarse a la situación, recuerde la regla de diamante trate al prójimo como "él" quiere ser tratado y notará como los caminos comunicativos comienzan a abrirse. De ahora en adelante, esté muy atento cuando le dé la mano a alguien y en el momento en el que le den la mano, vaya ajustándose lentamente y si le van apretando la mano más, hágalo usted también, para ello tiene apenas uno o dos segundos, pero los resultados son fascinantes.

Si le dejan la mano suave, usted también déjela suave y verá cómo va a ir entrando en sintonía cómodamente.

(Quiere saber más sobre sintonía vaya al tema directamente y verá lo interesante del tema, después puede seguir leyendo desde aquí. Este es su libro, la forma como lo lea depende de usted.).

De la misma manera como usted se puede ir adaptando al apretón de manos, también lo puede ir haciendo hacia las otras formas de saludar como un beso o un abrazo.

Comentarios del Lector

Todas las partes del cuerpo humano son necesarias, perfectas e importantes pero son precisamente las manos las que nos permiten iniciar el contacto con otras personas. Dependiendo de la intención que se desee tener, el saludo o primer acercamiento, siempre debe ir acompañado de un profundo sentimiento de sinceridad, de un apretón de manos, una mirada y una sonrisa. Un apretón de manos para los líderes de la comunicación se convierte en el primer paso para

iniciar una conversación, además, son los primeros segundos que generan una impresión de intercambio difícil de cambiar. Recuerdo un pensamiento hermoso del poeta rumano Paul Celan "sólo verdaderas manos escriben verdaderos poemas. No veo ninguna diferencia entre un apretón de manos y un poema". Luisa Fernández

A continuación vamos a hacer un ejercicio interesante. Responda por escrito o mentalmente hacia dónde se dirige y qué está haciendo:

Persona A_____

Persona B_____

Persona C_____

Ahora por favor responda ¿Cómo supo usted las respuestas anteriores?_____

2. La Apariencia: Las personas que ejercen liderazgo prestan profunda atención a su presentación personal, porque tener una adecuada presentación personal es esencial para establecer buena comunicación y buenas relaciones. La apariencia o presentación personal transmite un poderoso mensaje.

La presentación personal está estrechamente vinculada con la vestimenta. No se trata de estar bien vestido, sino de estar adecuadamente vestido, lo que implica tener en cuenta el ambiente donde se va a estar, la persona o personas con quien va a compartir la ocasión; el momento, el clima, la hora del día.

Cabe destacar, que usted debe mantener su personalidad y sentir la mayor comodidad posible, es un juego de adaptación y equilibrio entre su estilo y la ocasión. Si tuviésemos que reducir este tema a una frase, sería en forma de pregunta ¿qué aspecto deseo ofrecer? o ¿qué mensaje deseo trasmitir? Pida opiniones a personas de confianza si lo considera necesario, pero siempre tenga usted la última palabra.

Usted acaba de dar unas respuestas en la página anterior y lo más probable es que haya contestado hacia dónde se dirigían las personas basándose en su vestimenta.

Así como usted evaluó de manera inconsciente, así lo harán las demás personas.

Una adecuada presentación personal va a generar confianza en sus interlocutores y en usted. Se dijo anteriormente que nunca tenemos una segunda oportunidad de causar una primera buena impresión y que la primera impresión perdura en nuestro cerebro durante mucho tiempo, según indican las últimas investigaciones realizadas en el campo de la comunicación; sin embargo, luego de la primera impresión, todavía la apariencia sigue influyendo.

Un ejemplo sencillo me ha ocurrido con mis estudiantes que ya me conocen y que cuando voy vestido con traje de gala a clases, saben que algo importante va a ocurrir. Un líder comunicativo sabe que su apariencia vale y lo mucho que puede lograr cuando se viste adecuadamente.

3. Recuerde el nombre de las personas: al escuchar su nombre, el corazón de las personas palpita más rápidamente. Pruebas establecidas en laboratorios arrojaron que las personas al escuchar su nombre, entre otras 1.000 palabras, sintieron un impacto trascendental. Estas personas estaban conectadas a un electrocardiógrafo (aparato para medir el ritmo de los latidos del corazón) y éste variaba significativamente cuando el nombre de la persona era mencionado, lo que demuestra el grado de importancia que a las personas se les trate por su nombre.

Ahora bien, hay algunas personas a quienes les gusta que las llamen por su apellido y otras prefieren que las llamen por algún sobrenombre o diminutivo, estas últimas también existen. Es allí donde usted tiene que estar con los oídos bien alertas para sacar provecho. Es más adecuado ser detallista y tener profunda atención en este tema.

Sin embargo, es el nombre de la persona lo que generalmente y en la gran mayoría de los casos funciona como un mecanismo de influencia positiva.

Una situación interesante se presenta al querer recordar los nombres de las personas y existe la tendencia de algunos a decir que tienen mala memoria para aprenderse los nombres de las personas y entonces yo les digo, el problema no es de memoria sino de atención, lo que se resuelve aplicando la asociación. Por ejemplo, asociar el nombre de la persona con algo y repetirlo varias veces durante la conversación y al mencionarlo hacerlo con más énfasis.

La repetición es necesaria para la memorización.

Existe una tendencia de que cuando nos presentan a una persona instantáneamente se nos olvida el nombre, ahora me pregunto ¿eso es falta de memoria? más bien creo que es falta de atención, porque estoy seguro que aunque se nos haya olvidado el nombre de la persona, nos sabemos de memoria varias canciones, varios números telefónicos y varias claves de la tarjeta de débito y cuentas bancarias, entonces, como un nombre no nos suena bien no lo aprendemos.

Usted puede ir practicando de la manera siguiente, haga una pausa y afine el oído cuando le toque escuchar el nombre de alguien, inmediatamente repítalo un par de veces, imagine el nombre escrito en su mente y con la primera letra en mayúscula y asócielo a algo, un animal, un número, un objeto, puede hacer una frase de algo que rime con el nombre de la persona, por ejemplo; "Gabriela enciende la vela" este es un mecanismo muy efectivo y por último repítalo varias veces durante la primera conversación.

Recuerde, quiere influir positivamente en las personas, apréndase los nombres de estas, esa es *La Comunicación de los Líderes*.

La memoria es un requisito indispensable en la Comunicación de los Líderes por esta razón es de extrema necesidad desarrollarla para múltiples funciones, entre una de ellas aprender los nombres. Ahora, para poder desarrollar su memoria debe trabajar en eso, poner manos a la obra. En el único sitio donde aparece el éxito primero que el trabajo es en diccionario. *¡Inicie de una vez!*

Desafío Nº 1

Memorice durante cinco minutos los nombres, las caras y los números de las imágenes que se le presentan en la página anterior. Utilice la forma de memorizar que prefiera.

Ahora, por favor, tape las imágenes y responda por escrito o mentalmente a los desafíos siguientes.

• ¿Es María uno de los nombres que acaba de aprender? Sí___ No___

• ¿Cuál es el nombre más corto?_____

• ¿Cuál es el nombre más largo?_____

Verifique sus respuestas.

Más adelante tendrá otros desafíos ¿quiere repasar y repensar los nombres? Recuerde lo vital de aprender los nombres de las personas para hacer efectiva la comunicación ¡practique!

4. Escuche, Comprenda y Aprecie: todo ser humano tiene la necesidad de ser escuchado, de ser comprendido y más importante aún, de ser alabado.

Quien controla una conversación es quien escucha; las personas que hablan siempre quieren ser escuchadas, esto les hace sentir bien. Así usted puede reunir datos y saber más de las personas, para poder entrar en sintonía con ellas. Si usted interrumpe a una persona que habla, eso se convierte en un grave error de comunicación que va a hacer perder la sintonía.

Algunas veces es prudente romper la sintonía pero al momento de empezar y mantener a un aliado, un amigo o una relación es pertinente permitir que hable y presente su idea por completo para poder intervenir posteriormente.

Una vez un amigo me dijo que nuestra amiga Rosa era una excelente persona con quien se podía conversar. Pues resulta que Rosa no mencionaba ni una palabra mientras ese amigo hablaba.

El éxito comunicativo de Rosa fue saber escuchar. Por cierto, hemos sido hechos como seres humanos para escuchar más que para hablar, ya que tenemos una sola boca y dos oídos.

Comprenda a las personas, colóquese en su lugar y aprecie lo que le dicen. De vez en cuando sea prudente alabe a la persona, el refuerzo positivo no debe ser muy obvio, cuando la persona no lo merece; sin embargo, alabar de manera adecuada y sin exagerar, ayuda tremendamente en las relaciones interpersonales, esa es la Comunicación de los Líderes. A veces, hacer un resumen de lo que la persona está diciendo hace que esta persona sienta que la están tomando en cuenta. Por ejemplo, si alguien le dijera esto: "sabes que fui a buscar a mi hermana en la casa de mi tía y ella se molestó porque llegue tarde a buscarla". Usted pudiera intervenir en una pausa que haga la persona para comentar: "tu tía estaba molesta porque era tarde" y retornar preguntando "¿qué más paso?". Ese sería su resumen que resulta altamente efectivo en comunicación.

Hay dos cosas que hacen que los líderes se comuniquen eficazmente, una es la flexibilidad para aprender las técnicas y la otra es la sutileza con que debe aplicarlas, una persona experta hace que parezca celestialmente natural lo que hace.

5. El Porqué, La Razón: Otro aspecto para convertirse en un maestro de la comunicación es utilizar el porqué en sus conversaciones. Todo cerebro busca una explicación de las cosas, un porqué, una razón de las situaciones que ocurren o han ocurrido.

Por eso cuando diga algo y quiera justificarlo caerá de maravilla a las personas, utilizar un porqué, una razón de lo que está diciendo; por ejemplo: estoy escribiendo un libro porque quiero ayudar a mejorar a las personas y porque quiero que ellas se ayuden también. Note que no importa lo que viene después del porqué, lo que importa más es el porqué, ya que las mentes humanas funcionan así, buscan una explicación a todas las cosas, de manera natural nos hacemos muchas preguntas y la principal pregunta es ¿por qué?

Imagine por un momento que su pareja o su mejor amiga o amigo dejan de hablarle y se aleja de usted sin mencionar una palabra, pasan los días y la persona sigue sin decirle nada ¿qué es lo primero que usted le preguntaría cuando la vuelva a ver y les toque conversar? Posiblemente le pregunte ¿por qué dejaste de hablarme, qué hice? Y qué es lo primero que se pregunta usted si llama a una persona varias veces a su teléfono celular y esta no le contesta, seguramente algo así: ¿Qué pasará? ¿Por qué no contesta?

El ser humano tiene muchos años haciéndose una pregunta la cual no ha podido responder convincentemente, ¿por qué estamos aquí en la tierra? Y así sucesivamente se pregunta ¿por qué suceden las cosas? y sigue en una búsqueda implacable de la razón de las situaciones que se presentan. Por esa razón, si quiere influir positivamente con lo que dice o hace, explique un porqué y fortalecerá lo que dice.

También el uso de la palabra Y en vez de la palabra pero. Mire este ejemplo, cuando una persona dice, "oye esa pared es blanca" usted le contesta, "pero tiene algunas manchas negras", ¿cómo sonó? Se siente como si usted estuviera objetando su comentario y no lo comparte, esto es contraproducente en la comunicación. Ahora mire este otro ejemplo, "oye esa pared es blanca". "Y tiene algunas manchas negras" responde usted. Se oye mejor así, porque usted comparte con la otra persona su comentario. Es una excelente técnica de comunicación cambiar de su vocabulario la palabra pero por la Y. La palabra Y agrega, el pero limita, objeta y restringe lo que ha dicho la otra persona.

Aplique esta técnica Y verá que obtiene resultados brillantes, pero a lo mejor usted piensa que no es fácil aprenderlo Y yo le digo que con constancia, todo se logra.

6. Sé que haría lo mismo por Mí: este secreto de La Comunicación de los Líderes trata sobre la ley de reciprocidad de la que conversamos anteriormente donde usted antes de pedir debía hacer algo primero por los demás.

Cuando haga algo por otra persona y esta le agradezca, no pierda el tiempo diciendo, "no fue nada" o "estoy a tu orden" este es el momento para crear un compromiso inconsciente en la otra persona, diciendo algo como: "sé que usted haría lo mismo por mí" esto actuará directamente en la mente de la persona y esta quedará comprometida inconscientemente con usted para una próxima oportunidad.

Hay otras opciones de respuesta como "estamos para ayudarnos", o "lo hago con cariño porque sé que usted lo haría con cariño por mí".

Usted también puede crear una frase que cumpla esta función de permitir a la otra persona ayudarle en otra oportunidad, pero por favor, sea sutil porque no importa lo que diga sino como lo diga. Las técnicas son como herramientas de un carpintero, si el carpintero apenas está iniciándose en la carpintería, seguramente al hacer una silla no le quedará perfecta, sino que posiblemente tenga detalles pero si el carpintero ya es una persona con experiencia, seguramente le quedará bien hecha. Por esta razón, vaya a su ritmo y mantenga la flexibilidad para el aprendizaje.

Otra cosa, no confunda esta técnica con manipulación, la manipulación es negativa, más bien considérela como una acción recíproca que se está generando en beneficio mutuo. En este universo vamos a recibir lo que estamos dando, si damos amor, recibiremos amor, así funciona la vida.

Hay un expresión que dice; "con la misma vara que midas serás medido" por esta razón tenga cuidado de cómo utiliza estas técnicas, manipulación o influencia, la primera genera energías negativas. El juego es de ganar-perder y hay ganancias a corto plazo; la segunda genera un juego positivo de ganar-ganar, la ganancia es a largo plazo. La elección sigue siendo suya.

Desafío Nº 2

Mencione en voz alta o escriba todos los nombres de las personas en las líneas, no importa el orden. Haga el esfuerzo y luego revise sus respuestas, vale la pena, disfrute de los resultados.

7. La Ley de la Escasez: cuando conocí esta ley, me ocurrió algo curioso, me estaba comiendo un rico helado y cuando estaba llegando al final del helado, me quedaba el último bocado y mi esposa me lo pidió. Me dijo, "regálame ese poquito de helado que te queda" y no se lo pude regalar. No comprendía por qué, le pregunté "¿por qué no me pediste antes? si me hubieses pedido antes te hubiese dado toda una porción pero esta es la última parte". En ese momento comprendí la forma cómo funciona la ley de la escasez.

Desde el punto de vista sicológico le damos valor a lo escaso, a lo poco, en vista de que pensamos que se va a agotar y de manera inconsciente ocurre una relación en nuestro cerebro que si el producto es escaso es valioso.

Posiblemente en la realidad no sea así, pero esa asociación ocurre de manera natural en la mayoría de las personas. También sucede otra relación mental cuando perdemos la posibilidad de elección, al acabarse el producto (en este caso el helado) y quedar sólo con una opción. En el caso del helado, si le daba el último pedazo a mi esposa entonces no me iba a quedar la opción de seguir comiendo, por eso le dije que si me hubiese pedido antes, con gusto le daba, porque entonces me quedaba la opción de seguir comiendo.

Esta ley de la escasez es aplicable a la comunicación, si la información que usted presenta es secreta o es exclusiva, si quiere ejercer su liderazgo positivamente y darle importancia a la información que va a comunicar debe darle sentido de escasez. Por ejemplo, cuando quiera comunicar algo importante, utilice un protocolo, llame a la persona para un sitio privado, dígale que le dará información importante y exclusiva, incluso puede bajar la voz y notará total atención de su parte.

Las personas que ejercen liderazgo, buscan momentos oportunos y espacios adecuados para transmitir la información valiosa y cuando hay un mensaje que requiere de toda la atención, llaman a sus aliados a sitios estratégicos para comunicarse con la total atención de quien escucha.

Muchas personas sienten atracción por lo secreto, por lo oculto, por tener las primicias informativas, sólo por una razón, lo escaso.

Esta ley de la escasez tiene una característica que debe cumplirse de manera rigurosa para que pueda conservar su poder dentro de la comunicación, y es que lo que vaya a comunicar que en realidad sea de importancia, información valiosa que represente algo significativo porque de lo contrario usted perderá credibilidad y se pierde todo el protocolo que usted podía haber creado, en pocas palabras, se "derrumba todo el edificio" comunicativo que usted había podido levantar.

8. ¿Qué hace Usted para Ganarse la Vida?: esta es una pregunta que hacemos a las personas que participan en nuestros talleres.

Por favor responda por escrito: ¿Qué hace usted para ganarse la vida, cuál es su Profesión, su trabajo?_____

Cuando dos personas instalan una conversación, se están conociendo o se están reencontrando, lo primero que se preguntan es: qué hacen para ganarse la vida, en dónde trabajan, en qué empresa, qué cargo desempeñan, entre otras preguntas referidas a su oficio. Este es un buen momento para proyectarse con asertividad. Actuar con asertividad es una cualidad interesante que hace destacar a los líderes.

Muchas personas degradan su labor, su trabajo o lo que hacen para ganarse la vida, permitiendo que las demás personas y ella misma releguen lo que hacen, el aporte que dan al universo.

Para lograr asertividad y procurar sacar provecho de la situación, sencillamente usted debe tecnificar y plantear de manera sofisticada su profesión, en pocas palabras, re-encuadrar lo que hace en la vida, agregándole más valor lingüístico. Por ejemplo, usted conoce dos albañiles, el primero le dice: –pego bloques– usted seguramente se hace una imagen de este albañil, quizás no muy agradable y cuando conoce al segundo albañil este le dice; –soy constructor de hogares– estoy totalmente seguro de que la imagen que se lleva de este albañil es mucho mejor que la del primero. Físicamente los dos albañiles están haciendo lo mismo, pero la visión que tiene cada uno de ellos de lo que hace es totalmente desigual, la responsabilidad de cada uno cambia y por lo tanto su actitud será totalmente diferente.

Seguramente usted se estará preguntando ¿por qué ocurre este fenómeno? Sencillo, somos seres lingüísticos, que a diferencia de los animales tenemos el lenguaje como un mecanismo de comunicación y por lo tanto es indispensable saber utilizarlo.

Responda mentalmente ¿Existirá alguna diferencia en la manera de pensar entre los albañiles? ¿Quién cree usted que tendrá más éxito?

Así como usted se hizo imágenes mentales de esos albañiles, también otras personas se van a hacer imágenes mentales de usted cuando se le presente a alguien y le diga su profesión, por esta razón es de extrema necesidad que re-organice las ideas de la manera de enunciarlo.

Todas las profesiones son importantes ya que aportan algo al universo, lo que ocurre es que posiblemente algunas personas no las saben proyectar. Como se dijo anteriormente la solución es tecnificar y plantear de manera sofisticada lo que hace, para que primeramente usted tenga una mejor visión, compromiso y actitud ante lo que ejerce como profesión. Por muy poco importante que crea que es su trabajo, siempre es posible ver lo relevante como aporte para el universo, siempre existe la opción de que su participación en el mundo sume algo positivo para el desarrollo de la humanidad y la suya misma.

No se puede dejar de mencionar que la humildad es una poderosa arma contra la arrogancia. Humildad es sinónimo de seguidores. Nunca he visto a una persona arrogante y pedante que agrade a los demás, por este motivo esa tecnificación, esa sofisticación que usted pueda agregar a lo que hace en esta vida, debe ser equilibrada, procurando no pecar de pedante, arrogante o altanero.

Esta es una tarea que requiere quizás de tiempo y de evaluación externa. Tómese su tiempo, pero hágalo si no está conforme con lo que planteó al inicio de este secreto de la comunicación de los líderes. Si está conforme no tiene problemas al respecto. Pero recuerde las imágenes visuales que se van a hacer de usted si su profesión no está bien plantada.

Hora de Tecnificar o plantear de manera Sofisticada su Profesión Manteniendo la Humildad.

¿Qué hace usted para ganarse la vida, cuál es su Profesión, su trabajo?_____

Responda mentalmente ¿Existirá alguna diferencia en la manera de pensar entre los albañiles? ¿Quién cree *usted* que tendrá más éxito?

9. Ley del Contraste o Ley de la Comparación: observe los 3 Círculos que están abajo y responda a las siguientes preguntas:

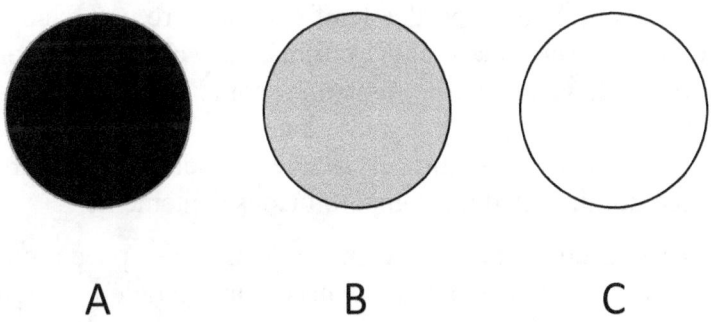

1. ¿Entre el círculo A y B cuál es el claro?___
2. ¿Entre el círculo B y C cuál es el oscuro?__

Note cómo se ha producido un resultado confuso, el círculo B en la primera respuesta es claro, pero en la segunda respuesta el mismo círculo B es oscuro. Este fenómeno ocurre por la ley de comparación o contraste.

Es decir, lo que hizo que cambiara la respuesta, dando como resultado la opción B primero como el círculo más claro y luego como el círculo más oscuro, fue el color con que se comparó en cada pregunta. Dicho de otra manera, lo que tiene más importancia no es la respuesta sino la información con que se comparó En general, la ley de la comparación o contraste se utiliza mucho en las ventas. Imagine que usted llega a una tienda a comprar una chaqueta que vio días atrás y le gustó y cuando pide el precio le dicen 1.000 dólares, usted se queda sorprendido por tener la chaqueta un precio tan alto, por lo que decide internamente no comprar la chaqueta, pero el vendedor al ver su reacción le dice, señor en este momento tenemos una oferta especial, se la vamos a dejar en 700 dólares y se ahorrará 300.

Es muy probable que usted si tiene los setecientos dólares compre la chaqueta. En realidad la chaqueta costaba en un principio 500 dólares pero el vendedor le aplicó la ley de la comparación o contraste, porque le ofreció primero un precio alto, luego uno más bajo, que todavía era más alto comparado con el precio real de la chaqueta. Sin embargo, como los 700 dólares de la oferta fueron comparados primeramente con los 1.000 (que costaba la chaqueta según el vendedor) el precio pareció económico porque usted los comparó inconscientemente.

La ley de comparación o contraste también se puede utilizar en comunicación. Cuando vaya a hacer una petición a alguien usted puede pedir algo superior a lo que quería, pero luego si la respuesta es negativa puede hacer la petición de lo que en realidad quería que por supuesto va a ser menor a lo que pidió primero, así la persona va a comparar y las posibilidades de conseguir lo que usted quiere aumentarán drásticamente.

Por ejemplo, usted le dice a su jefe "necesito una semana de permiso porque voy a un curso internacional" y su jefe le dice "una semana es mucho tiempo, no puedo darte el permiso" entonces usted puede decirle "¿y si me das dos días de permiso?" la posibilidad de que su jefe le conceda el permiso aumentará cuantiosamente.

Existen dos causas fundamentales a tomar en cuenta para saber por qué las posibilidades de tener éxito en esta ley aumentan. La primera es que a la persona a quien usted le hace la solicitud compara la primera petición (que es mayor) con la segunda petición (que es menor, pero es la real) y al ver que es mucho menor puede aceptarla.

La segunda es que existe una tendencia de muchas personas a que cuando dicen que "no" a una propuesta, al formulárseles la segunda propuesta muy probablemente puedan aceptar, porque la primera negativa despierta un sentimiento de culpabilidad que necesita ser suprimido y la única forma de hacerlo es aceptando la segunda petición.

Es de suma importancia saber que esta ley tiene una característica que debe cumplirse como requisito indispensable para que pueda funcionar y es que cuando usted hace la primera petición que es más alta que la que va a hacer en realidad, seguramente genere en las personas algo de irritación o molestia, por lo que usted debe soportar el discurso que viene a continuación, dejar que la persona libere todo ese disgusto, quizás a través de palabras o gestos. Después de haber escuchado y soportado usted todo ese discurso y que llegue la "calma después de la tempestad" entonces será el momento de hacer su verdadera petición.

Utilice esta técnica para lograr objetivos positivos, para hacer el bien, para beneficios mutuos, las técnicas de por si no son buenas ni malas, quienes las utilizan para bien o para mal son las personas, la elección sigue siendo suya.

10. La Sonrisa: está usted llegando a una oficina de servicio público donde la gran mayoría de las veces le han tratado mal cuando va a solicitar alguna información. Pero en este caso usted ve a cuatro secretarias esperando para atender a las personas, tres tienen cara de molestia y una está sonriendo ¿a quién se dirigiría primero para que le atienda?

La sonrisa tiene muchos seguidores. Se gana más con la sonrisa que con otra gestualidad, empiece a comprobar lo que le digo, empiece hoy, comience a sonreír y notará cómo más personas se acercan a usted. La sonrisa conquista corazones y al mismo tiempo el sencillo acto de sonreír genera en nuestro organismo la liberación de una hormona llamada beta endorfina que envía mensajes al cerebro de sensaciones positivas, de placer, de satisfacción, haciendo que nos sintamos bien.

Existen entonces dos aspectos interesantes dentro de la sonrisa, la primera es sonreír para ganarse los corazones de los demás y la segunda es hacer reír a los otros. Lo de hacer reír a los demás ya es algo que está bien discutido, las personas que poseen la capacidad de hacer reír a los demás tienen más personas a su alrededor. John Seymour La y Joseph O´Connor, los cuales han estudiado por mucho tiempo los beneficios de la programación neurolingüística en las presentaciones en público, expresan: que las personas que hacen reír a su público son más aceptados, que las que las hacen pensar.

Esto se produce porque al hacer reír a los demás es mucho más sencillo entrar en sintonía. Hacer reír a la gente no es tarea fácil, sin embargo, los resultados son fenomenales.

Vaya con calma en este punto, mantenga su personalidad, a veces sólo basta con señalar los aspectos curiosos de una situación. ¡Entonces qué más se puede pedir! con esta sencilla técnica usted puede ganar muchos aliados y al mismo tiempo puede mejorar su actitud ante la vida tanto de manera biológica como de manera sicológica. Empiece ya y perciba los cambios.

"**El humor es indicador de inteligencia emocional**".
Walter Riso.

Desafío Nº 3

Fortalezca su memoria y mencione los nombre. Gradúese cómo líder con buena memoria.

11. Alternativas Aparentes: por favor responda eligiendo una de estas dos opciones: ¿quiere continuar leyendo ya?____ o ¿desea leer después de una pausa?_____

Si ya respondió aunque sea en su mente, debe haber escogido una de las dos alternativas que se le brindan en el párrafo anterior, pero note que allí existe, de manera oculta, la técnica de las alternativas aparentes. Cuando se le pregunta si quiere leer ahora o posteriormente, se le hace ver como si estuviera escogiendo pero en realidad no tiene opción, la única opción que hay es la de seguir leyendo, ya sea de inmediato si escoge la primera opción o posteriormente si escoge la segunda, pero en fin siempre tendrá que leer.

Todo esto ocurre porque nuestro cerebro no puede determinar en muchas ocasiones el objetivo oculto, sencillamente centra la atención en la elección, ¿quiere seguir leyendo o lo hará más tarde?

En el caso de las alternativas ilusorias existe una actividad u orden que usted desea que cumpla la persona con quien se comunica. Utilícela como una estrategia que le brindará resultados efectivos. Puede empezar en este mismo momento o al finalizar el libro, usted decide. A un niño que tiene problemas para comer por ejemplo, usted le dirá algo como: "qué deseas cenar ¿un sándwich o una arepa?" Y este tendrá que elegir. En el trabajo, podrá plantear un nuevo proyecto diciendo; "cuánto tiempo vamos a dedicar a la elaboración de este proyecto ¿una semana o un mes?

Hay que dejar claro, no estoy diciendo con esto que la aplicación de esta técnica asegura en un cien por ciento que las personas elijan, pueden darse algunos casos en los que no deseen elegir ninguna de las opciones que usted le plantee. Aunque elegir es una de las actividades humanas más gratificantes; poder elegir representa para los seres humanos algo elemental. Lo que sí puedo asegurarle es que el aumento de posibilidades es enorme para lograr darle poder a su petición aplicando esta técnica.

Esta técnica tan sencilla de aplicar la puede utilizar usted en su trabajo, con sus familiares, a nivel académico, en fin con sus aliados.

12. Pregunta Coletilla: usted va a recomendar este libro a otra persona ¿verdad que si? La pregunta coletilla, es la interrogante que se realiza después de una afirmación, lo que permite colocar "en bandeja de plata" la respuesta que usted como Líder Comunicativo desea obtener.

Mi hijo de 6 años es un especialista en la aplicación de la pregunta coletilla como técnica de comunicación, cuando quiere pedir algo dice frases como, "me vas a comprar un dulce papá, ¿verdad que si? Colocando una pregunta afirmativa posterior a la petición, en pocas palabras mi hijo está totalmente seguro de que sí le voy a comprar el dulce y además de eso, hace que yo crea que estoy seguro que se lo voy a comprar. No estoy diciendo con esto que le voy a comprar el dulce o que usted va a conseguir todo lo que desea sólo con colocar una pregunta coletilla después de su petición, pero de lo que si estoy seguro es que las posibilidades para conseguirlo aumentan.

Aumentar posibilidades es algo en lo que los Líderes se centran, eso les hace sentir más seguridad y estar prevenido para lo que viene, en este mundo actual que se caracteriza, por la velocidad y la incertidumbre. Esta es una de las situaciones que hace que usted aumente su poder de comunicación y su poder de convencimiento en este camino de liderazgo.

Esta técnica de la pregunta coletilla no sólo se utiliza para una petición, más bien puede ser utilizada para que las personas con quien usted se comunique acepten la afirmación o las ideas que usted está manifestando, para buscar un apoyo cuando se comunique en público, en fin para entrar en sintonía. Lo que no debo dejar de decirle es que la afirmación debe tener sentido y ser totalmente convincente lo que le va a permitir disminuir y eliminar en cierto modo la resistencia que puedan ejercer algunas personas.

No se puede dejar de mencionar lo elemental de la forma en que usted aplique la técnica de la pregunta coletilla.

A lo que me refiero es que no importa lo que diga sino como lo diga. Si puede utilizar esta técnica imaginando que es un maestro de la comunicación, con sabiduría y colocando delicadeza en sus palabras, es muy factible que tenga éxito.

Usted para tener el resultado deseado con esta técnica debe preparar el terreno y lo que pueda hacer o decir antes de ejecutarla marca la pauta y el camino hacia el éxito total, ¿verdad que si?

En el siguiente secreto del líder voy a poner en práctica un ejemplo de cómo aplicar la pregunta coletilla como técnica de comunicación, quizás usted la quiera identificar, mantener la atención y ver dónde se aplica. Esté alerta porque el ejemplo va a estar inmerso en el texto. ¡Así que a trabajar! ¡Siga leyendo!

Vamos a hacer un experimento. Imagine a todo color esta foto, el mar azul, las palmeras verdes, relájese y haga lo que le pido por favor, hágalo durante 2 minutos.

Vamos a ver si lo logra. En la siguiente página lo averiguará.

Por ahora visualice. Haga el ejercicio por un momento, vale la pena.

13. Órdenes Positivas: los grandes líderes se comunican de manera positiva, porque nuestro cerebro no está capacitado para reconocer la palabra "no". Este ha sido uno de los hallazgos más trascendentales de las ciencias que se encargan de estudiar cómo funciona nuestro cerebro.

Lo que ocurre es que el cerebro trabaja con imágenes, si digo la frase "mesa marrón de madera", lo que llega a su mente es una imagen de una mesa marrón, no la oración escrita en letras ¿no es verdad? (por cierto, pregunta coletilla).

Vamos a realizar un ejercicio interesante para poder explicarle de mejor manera la idea que quiero transmitir.

Imagine el mar, si el inmenso mar. Usted puede ver lo azul del mar, puede hasta sentir la brisa soplando en su rostro mientras percibe lo azul del mar, puede escuchar el sonido de las olas cuando rompen en la orilla. Puede cerrar los ojos e imaginar en este momento el inmenso mar azul totalmente despejado. Ahora siga imaginando ese inmenso mar azul. Si desea concentrarse mejor puede dejar de leer por un momento, luego retome la lectura aquí. Siga imaginando el inmenso mar azul y todo lo positivo, la brisa, el sonido de las olas y mirando a lo lejos usted no se imagine un barco rojo con velas amarillas, no quiero que piense en un barco rojo con velas amarillas.

Me imagino que ya es demasiado tarde, seguro pensó en el barco inmediatamente después de que se lo mencioné, si quiere puede repetir el ejercicio y se dará cuenta de cómo funciona nuestro cerebro. Apliquéselo a alguien y compare los resultados.

Usted al estar al corriente de cómo funciona esta técnica de comunicación puede utilizarla basándose en una comunicación positiva, es decir debe centrarse en lo que desea que consigan sus aliados, evitando decirles en lo que no quieren que se concentren.

"El poder de tus pensamientos, las ideas y en general de las palabras, radica en que estas son traducidas a imágenes antes que el cerebro pueda interpretarlas; imágenes que tienen un poder sobre nuestras emociones, acciones y hasta sobre nuestro organismo. La visualización desempeña un papel importante en el funcionamiento de nuestra mente y

cerebro y puede llegar a ser una de las herramientas más valiosas para el éxito." Camilo Cruz.

Elimine de su vocabulario las fallas que puedan tener, porque al mencionarlas, será demasiado tarde. Ya estará dibujada en su mente. Y si por algún motivo menciona algo negativo o algo en lo que no quiere que ejecuten, debe suplantarlo por órdenes positivas varias veces, en una proporción de una por diez, yo diría que más.

A veces les decimos a nuestros hijos, "no hagas esto" y es lo primero que hacen. Lo más probable es que nuestras palabras permitan que ellos se imaginen la situación que queremos que eviten. Una vez vi como la abuela de una niña le decía; "cuidado te caes, no te vayas a caer, cuidado te caes" y se lo repetía varias veces. Adivinen cuál fue el resultado. Se cayó la niñita.

En el caso de la niña, su abuelita utilizando la técnica de las órdenes positivas pudiera haberle dicho, "cuidado, mantente de pie, camina con cuidado, mantén el equilibrio".

Las imágenes mentales son extremadamente poderosas y un líder que quiera ganar aliados debe utilizarlas y más importante aún debe tener cuidado de las imágenes que quiera colocar en la mente de las personas con las que se comunica. Debe saber presentarles un vocabulario a sus aliados que asegure imágenes de lo que desea que se logre, de las tareas resueltas con éxito, en fin, imágenes positivas.

Comentarios del Lector

Excelente disertación, completamente de acuerdo con el funcionamiento de esta técnica, lo considero relevante para los momentos que estamos viviendo, específicamente en educación, debemos aplicarla con convicción, actuando como mediadores en el abordaje de los procesos de aprendizaje y seguro, se convierte en una herramienta muy poderosa. Profa. María Asunción Delgado.

SINTONÍA

Algunas veces sin darnos cuenta notamos que aunque conocemos a personas desde hace tiempo, no tenemos un trato agradable con ellas, quizás sólo un saludo y listo, por el contrario, a veces tratamos con personas que acabamos de conocer y nos la llevamos bien con estos "desconocidos" sin entender por qué. Y decimos frases como esta: "oye pareciera que nos conociéramos desde hace tiempo". Todo esto ocurre por un elemento muy importante en la comunicación: la sintonía.

A veces usted charla con alguien y puede pasar largo rato conversando y no se da cuenta del tiempo, pasan horas hablando y usted se siente bien, dialoga sobre sus ideas, sus acontecimientos, también escucha, se cuentan algunas intimidades, algunos problemas, se ríen, buscan soluciones, a veces hacen sociedad en algún negocio o trabajo, se ofrecen favores, en fin, se crea un campo en donde la comunicación fluye de manera armónica y brillante y donde todo lo que se comunique en ese momento va a darse de manera eficaz, lo que va a ser recibido amenamente por las personas, es como si se sintiera la energía positiva que se transmite en cada mensaje.

¿Cómo sabemos que dos personas están en sintonía? Se puede apreciar en sus gestos, posturas corporales, tono de voz, también a través de la conversación que pudieran tener, en fin, por varias características que comparten y donde se asemejan, es decir, donde coinciden sus personalidades e intereses. A nosotros nos gustan las personas que se parecen a nosotros, que comparten los mismos ideales, que tienen los mismos gustos, con las que tenemos muchas cosas en común.

La sintonía es esencial para establecer una atmósfera de credibilidad y confianza mutua, necesaria para los negocios, terapia, educación, asesoramiento, ventas, capacitación, en fin para ejercer liderazgo asertivo. A todo este momento, este clima, ambiente y/o contexto que se crea de manera inconsciente se le llama sintonía.

Los Líderes de éxito crean sintonía, se acercan a sus aliados de esa forma, esa es la Comunicación de los Líderes.

La sintonía permitirá "construir un puente" hacia la otra persona, y así tendrá usted como líder, un punto de contacto y comprensión. Ya esto establecido puede empezar a modificar su conducta para que la otra persona también la modifique. El liderazgo no funciona si no se ha entrado en sintonía, no se puede guiar a nadie por "un puente" sin antes haberlo construido. Mantener la misma conducta y esperar cambios, no es la mejor opción; en este mundo tan cambiante de hoy, la mejor opción en la comunicación de los líderes es la de amoldarse a su objetivo y hacia su éxito.

Estamos constantemente amoldándonos a distintas situaciones sociales, si vamos a una fiesta nos vestimos acorde, si tenemos una entrevista para un empleo vamos de vestido de traje si queremos conseguirlo, hablamos de una forma en el hogar y de otra en el trabajo. Tenemos el ejemplo de que cuando alguien está triste y cabizbajo, no llegamos con un grito de ¡Ánimo! ¡Arriba! una mejor opción sería igualar los gestos y el tono de voz (que seguramente es bajo) y luego ir adoptando una postura más positiva y útil.

Sólo en la Física los opuestos se atraen y los iguales se repelen, en comunicación es lo contrario, lo semejante se atrae. Cuando la persona observa que existe semejanza, se siente como si estuviesen en el mismo lado, como que pertenecieran al mismo equipo, se siente identificado con usted, confía en usted, puede comunicarse más espontáneamente logrando que esa comunicación resulte exitosa.

De esta manera, usted puede guiar la conversación y a la vez dejarse guiar, provocar una respuesta positiva e influir en la persona de manera más efectiva, obteniendo un beneficio mutuo, donde todos saldrán ganando, en un juego de ganar-ganar, nadie pierde, todos ganan.

"Lo más importante de la comunicación es escuchar lo que no se dice". Peter Drucker.

Entrar en sintonía es como bailar, no se sabe quién de la pareja lleva el paso cuando bailan bien, se entienden en cada vuelta, se sueltan y vuelven a caer en ritmo y así pudieran bailar toda la noche porque están en plena sintonía, lo mismo ocurre en la comunicación.

Para entrar en sintonía con las personas sin importar la diferencia en el carácter y la personalidad hay que aplicar las técnicas que a continuación se van a describir. No se preocupe si usted no ha compartido nunca con la persona o ésta tiene una forma de pensar diferente, o en el pasado no se la llevaban bien, lo que interesa es lo que usted va a ejecutar de ahora en adelante, porque en la comunicación de los líderes cualquier persona que usted desee puede convertirse en su aliado, en su amigo, en una persona más que le ayude al logro de sus objetivos, sólo basta con diseñar un campo de estrategias adecuadas y aplicarlas en el momento oportuno.

Por favor permítame hacerle una pregunta, ¿ha escuchado usted hablar sobre el "sintonizómetro" Si, el "sintonizómetro" es un dispositivo muy especial que al aprender a utilizarlo, usted puede saber si está entrando en sintonía o no con los demás. A continuación se lo presento.

Sintonizómetro

Existe un dispositivo que mide la temperatura y se llama termómetro, ya muy probablemente usted lo conoce y lo ha utilizado. De la misma manera, en

La Comunicación de los Líderes existe un dispositivo para saber si se ha ingresado al campo de la sintonía o no y su nombre es "sintonizómetro". Este dispositivo funciona con algo llamado resistencia.

La resistencia aparece en la comunicación como un elemento que no permite que esta fluya armónicamente, se evidencia muchas veces como discusión, con oposición de las personas a sus pensamientos, eso no quiere decir que no puede existir alguien con pensamientos distintos a los suyos, lo que puede estar ocurriendo es que quizás sus ideales no se están planteando como es debido, es decir no está entrando en sintonía.

Por ejemplo, si usted está queriendo entrar en sintonía con alguien y por alguna razón no puede porque la persona se resiste, es porque queda trabajo por hacer, no hay sintonía, la lectura del "sintonizómetro" está baja.

Debemos mejorar la situación por el bien de la relación, recuerde que existen puntos de vista, respete y comparta en la medida de lo posible, existirán situaciones que no quiera compartir, pero puede respetarlas y hacer saber las suyas de la mejor forma posible. En pocas palabras, el sintonizómetro funciona igualando y deja de funcionar desigualando, apareciendo la resistencia como resultado cuando desiguala, téngalo en cuenta siempre a la hora de iniciar nuevas relaciones amistosas.

Existen muchas formas de entrar en sintonía. En la página que viene las vamos a desarrollar una por una, por favor mantenga su capacidad de observación de manera escrupulosa.

La resistencia es indicio de falta de sintonía. Por eso no existen aliados recios o resistentes, sino Líderes inflexibles.

La Fisiología

Usted fija la mirada en dos personas que están hablando y puede ver que muchas veces tienen una postura corporal similar.

Para entrar en sintonía con la fisiología (posturas corporales) de la otra persona usted sólo procure tener la misma postura corporal de la persona con quien está hablando. Es importante hacerlo de manera natural, si la persona tiene los brazos cruzados, crúcelos usted también, si la persona está de pie, colóquese de pie, si está sentada usted puede sentarse. Es un poco difícil conversar con una persona si en la conversación hay alguien sentado y otro de pie, se siente como si el que estuviese de pie, tiene autoridad sobre la persona que está sentada. Para entrar en sintonía el mensaje es claro "hay que igualar".

Existen personas que juegan con un lápiz en sus manos, usted también puede buscar un objeto y hacerlo, esto enviará un mensaje inconsciente de igualdad y de confianza, de hecho usted le está diciendo a la otra persona literalmente "confíe en mí que yo soy igual a usted".

No es estrictamente necesario tratar de hacer exactamente lo que hace la otra persona, sólo basta con actuar con naturalidad y procurar "igualar" algunas posturas, algunos gestos o algunas posiciones con el cuerpo, por ejemplo, si estamos sentados y la persona inclina el cuerpo hacia adelante para contarle algo importante, también usted lo puede hacer para escuchar. Puede darse el caso de que existan ciertas posturas corporales que a usted no le gusten o que no sienta comodidad al querer igualar, en ese caso llegue hasta donde usted pueda, la idea es entrar en sintonía, no imitar. Observe detalladamente lo que le produzca resultados, si ya entró en sintonía, avance hacia fortalecer la relación.

A veces hay personas que miran hacia un sitio cuando hablan, como si estuvieran viendo algo, entonces mire usted ese algo también. Lo más probable es que a estas personas les guste que usted esté a su lado en vez de estar de frente, note la mejor manera para comunicarse con esa persona y aplique. Mantenga la atención, posiblemente si usted está de frente y a esta persona le gusta estar de lado, ella se irá colocando de lado. Confíe en la evidencia y en su intuición.

Asimismo hay personas que se colocan de lado como acercando el oído cuando usted habla, es porque esas personas quieren escuchar lo que dice y no se quieren perder ni una palabra. Entonces háblele claro y pronunciando correctamente las palabras, estas personas en este momento están activando su campo auditivo y cuando ellos hablen con usted también esfuércese por escucharlos, colóqueles el oído cerca (esto pasa muchas veces en los sitios donde hay mucho ruido y también ocurre en sitios abiertos, preste atención). La postura más importante en este caso es estar al lado de su interlocutor.

La Experiencia

Si deja por un rato a dos personas que sean de la misma profesión, a dos médicos cirujanos que no se conocen o a dos administradores, se dará cuenta de que estos entran en sintonía rápidamente y es porque se sintonizan a través de la experiencia que comparten.

Las experiencias similares hacen que las personas compartan situaciones en común. Esto hace que ingresen al campo de la sintonía automáticamente. También le ocurre si una persona desconocida, coincide con que estudió en su mismo colegio o que nació en su mismo estado o ciudad natal, porque entonces se comparten experiencias similares y de inmediato se crea una fuerte sintonía.

Para entrar en sintonía con la experiencia, usted puede tomar dos situaciones, la primera es algo que esté sucediendo en el momento, por ejemplo, "hace mucho calor" o "este tráfico está que arde" o "qué bueno que ganó el equipo de fútbol" cualquier experiencia positiva o negativa sirve, lo importante aquí es compartir algo en común y que le esté sucediendo a ambas personas. La segunda situación puede ser de algo pasado.

A veces escuchamos historias que nos cuentan terceros y de manera inconsciente buscamos algo similar que nos haya ocurrido a nosotros o a algún familiar. Esto es interesante en vista de que de esta manera es como se entra en sintonía con la experiencia. Quizás ya usted lo ha hecho en múltiples ocasiones, con la diferencia de que ahora lo sabe y tiene esta nueva, o mejor dicho, vieja herramienta ahora en el bolsillo, a su disposición.

La Voz

Algunas veces, no resulta fácil entrar en sintonía con la fisiología o con la experiencia, por múltiples razones, entonces es preciso entrar en sintonía con la voz. Hay varias preguntas que debe hacerse para saber cómo va a entrar en sintonía con la voz, estas son ¿Habla la persona en voz alta o baja? (Volumen), entonces usted sube su volumen o lo baja, imagine a una persona hablando alto y a otra hablando bajo, no entrarán en sintonía nunca o por lo menos no en ese elemento de la voz. ¿La persona habla rápido o lento? (Velocidad).

Una vez estaba como ponente en un evento y había un profesor en el público nativo del oriente del país quien hablaba muy rápido (en el oriente de Venezuela se habla rápido) y le dije: "seguramente a usted le gustan las personas que se comunican rápidamente, es decir que hablen rápido como usted". De allí en adelante somos grandes amigos, sólo por descubrir la forma de sintonizar a través de la voz.

Si la persona habla lentamente, usted también puede hacerlo y sienta los resultados, esto no quiere decir que lo va a imitar, sólo que va a procurar igualar, recuerde respetar los espacios. Los líderes que se comunican asertivamente saben que respetar es un valor interesante para ganar aliados (y es el próximo tema para entrar en sintonía, los valores). Otra pregunta sería ¿La voz es clara o ronca, es aguda o grave? (Timbre) puede usted también sintonizar un poco con el timbre de la voz. Es importante saber que no se trata de una imitación de la otra persona, del cómo habla, ni de los acentos de alguna región, recuerde que si la otra persona cree que usted le está imitando o haciéndole burlas o bromas, se pierde la sintonía y con ella todos los beneficios de los que hemos hablado hasta ahora. Mantenga la naturalidad y si va a hacer un cambio en su forma de hablar, hágalo lentamente y de manera minuciosa.

Actualmente se sabe que las empresas que trabajan con televentas (ventas por vía telefónica) han incrementado sus ventas sólo con entrar en sintonía con la velocidad y tono de voz. Este es un poderoso recurso que le hará entrar en sintonía con sus aliados. ¡Empiece a ensayar!

Las Creencias y los Valores

Un día venía caminando con mi vecino con el que pocas veces he establecido conversaciones (sólo algunas a través del saludo matutino) vimos cómo habían limpiado el jardín del edificio y habían cortado demasiado unos árboles que eran muy bonitos.

Él me dijo: "oye qué maldad como cortaron esos árboles", inmediatamente me di cuenta de algo, que sus valores en ese momento estaban reflejados hacia el ambiente, entonces por allí empezamos a conversar sobre los problemas ambientales y del respeto que le debemos como seres humanos al ecosistema.

Nos comprendimos mucho en la conversación y entramos en sintonía rápidamente.

Entrar en sintonía con los valores y las creencias es una técnica muy poderosa en la comunicación que le servirá para crear "un puente" entre usted y la persona o personas con quienes se comunique. Recuerde lo que se habló anteriormente sobre el consenso. Si usted comparte ciertos valores y ciertas creencias con las personas a las que quiere ganar de aliados, cuente que tendrá un aliado seguro si sintoniza con sus valores y creencias.

Obviamente, puedo repetirle que debe llegar hasta donde usted pueda, usted también tiene valores que merecen respeto.

Ahora usted tiene como tarea empezar a experimentar con la sintonía, tal vez cometa algunos errores, pero estoy seguro de que va a salir con un triunfo genial.

LOS IDIOMAS DE LA COMUNICACIÓN

Esta información que se le va a presentar ahora fue extraída de varios libros basados en la programación neurolingüística (PNL) como teoría y hace alusión a la forma cómo funciona nuestro cerebro en lo que comunicación se refiere.

Imagine a un alemán y a un chino conversando y cada quien en el idioma de su país natal, seguramente no se van a entender mucho, así se estén diciendo cumplidos.

Estos seres muy difícilmente entren en sintonía, de hecho se van a sentir muy incómodos con cada palabra que mencionen entre sí.

Algo similar ocurre con la comunicación, existen tres idiomas que usted debe dominar, en pocas palabras debe convertirse en un políglota de la comunicación.

Estos idiomas seguramente usted ya los conoce o de alguna manera ha escuchado hablar del tema, estos son el idioma visual, el auditivo y el kinestésico. Estos idiomas de la comunicación representan la forma como las personas prefieren procesar la información en su cerebro. Toda información es recibida en la mente a través de imágenes, sonidos, sentimientos o sentires.

Es muy probable que se manifieste en las personas a través del cómo hablan, de lo que hacen o de lo que tienen como hobbies, entonces usted escuchará a personas decir, "lo veo claro" esta persona recibe y procesa la información a través de imágenes en su cerebro, también dirán algo como "ilumíname para ver mejor la idea". Para efectos de personas que procesan la información en su cerebro de manera auditiva, usted las conoce porque dicen: "eso suena bien" y las kinestésicas dirían "las cosas marchan con suavidad".

Mi esposa y yo íbamos a comer helados y me dijo mientras nos dirigíamos a la heladería: "es que esos helados son muy ricos, son los mejores" y entonces le pregunté: "¿Por qué dices que son los mejores?" Y me dijo: "es que tienen tremenda presentación, te los acomodan bien bonitos en los envases". Me quedé pensativo y me pregunté internamente ¿cómo pueden ser los helados más ricos y los mejores sólo por la presentación y la belleza? ¿Y es que el sabor no cuenta? Y la respuesta que me di casi de inmediato fue, la persona que lo dice prefiere el idioma (sistema) visual.

Así cada persona puede utilizar los tres sistemas de representación para procesar la información continuamente, pero hay uno de su preferencia que se va a manifestar a través de su lenguaje y de sus acciones; por ejemplo, un visual prefiere la TV y un auditivo escuchar música, mientras que el kinestésico, desea hacer ejercicios o recibir un masaje.

Si habla a un grupo de personas, gesticule para los visuales, cambie el tono de voz para los auditivos y toque a los kinestésicos. También a los auditivos les encantan los sonidos onomatopéyicos como por ejemplo, "¡Tictac! ¡Tictac! Sonaba el reloj" u otros sonidos que pueda hacer.

Muchas personas kinestésicas se comunican tocando, con ligeros golpes en su espalda o pierna dependiendo si están sentados o parados y para que este grupo de personas le preste atención a lo que dice debe usted tocarlos.

Imagine una conversación entre un visual y un kinestésico, estas son las conversaciones que inician en un rincón y acaban en otro extremo, porque el visual se aleja para ver y el kinestésico se acerca para tocar.

El espacio juega un papel fundamental dentro de la comunicación. Por ejemplo: a veces usted puede estar de pie mientras la persona con quien se va a comunicar está sentada y eso puede generar incomodidad. Lo ideal sería que usted igualara y en ese caso debe sentarse también o tomar una posición donde las caras estén a la misma altura.

Particularmente puedo decir con toda certeza que cuando hablo con mi hijo y quiero que me preste toda la atención, me agacho y trato de que mi cara esté cerca de la de él y así puedo ver como el mensaje llega de manera armónica.

Aquí tiene un modelo importante que puede seguir para sintonizar en su vida comunicativa, utilice su creatividad al máximo, esto no es una camisa de fuerza. Tampoco es prudente etiquetar a las personas, por ejemplo, "fulano es visual", recuerde que las personas son bastante complejas en su comportamiento, total y absolutamente cambiantes según el ambiente y el tiempo. Aplique y si no le da resultado, cambie, modifique lo que hace hasta que tenga el resultado que usted desea. Adaptación es la palabra clave.

Eso es lo más bonito que tiene esta teoría, que usted la modifica a su utilidad, a su contexto y necesidad, usted coloca su personalidad en cada técnica, recuerde que el mapa no es el territorio y la conducta no es la persona.

Imposible es algo que nadie ha hecho hasta que alguien lo hace. Estamos viviendo en momentos trascendentales de la humanidad. Cuando alguien dice que algo es imposible se ve interrumpido por alguien que lo está terminando.

Maestría Comunicativa al Instante

Oraciones en 3 idiomas: las oraciones que aparecen con la letra (V) pertenecen al idioma visual (sistema de representación visual), las que aparecen con la letra (A) al auditivo y las que aparecen con la letra (K) pertenecen al idioma kinestésico, traduzca las que faltan en cada ejercicio y coloque el equivalente en los otros 2 idiomas de la comunicación. ¡Líder es el momento de practicar! Pista, puede utilizar la lista de palabras que están en la página siguiente.

Con este ejercicio su mente va a experimentar como hablar en los tres idiomas de la comunicación e irá practicando hasta hacerlo algo natural para influir positivamente en las personas. Empecemos.

Hágalo en una hoja de papel aparte.

V: Necesitamos vernos urgentemente.

A: Necesitamos hablar urgentemente.

K: Necesitamos encontrarnos urgentemente.

V: Ahora si estoy claro con lo que dices.

A:

K:

K: Necesitamos tocar el punto en la reunión.

V:

A:

A: Oye Suena bien la propuesta.

V:

K:

V: Hay que enfocarse en las soluciones.

A:

K:

K: Hay que hacerlo con mucha suavidad.

V:

A:

K: Deja el pasado detrás de tu espalda.

V:

A:

A: Ten cuidado y mantén los oídos alertas.

V:

K:

A: En este equipo existe armonía.

K:

V:

K: El libro marcha al pie de la letra.

V:

A:

V: Hay que poner un poco de chispa a la comunicación.

K:

A:

Vocablo de Idiomas de la Comunicación

Visual: ver, mirar, tener visión, visualizar, vistazo, ojeada, contemplar, iluminar, brillante, oscuro, claro, enfocado, entrever, alumbrar, divisar, estibar, no verlo claro, punto de vista, golpe de vista, visión, visible, panorama, a la luz de, despintado, colorido, visible, exhibir.

Auditivo: oír, escuchar, sonar, ser audible, amortizar, sintonizar, ser todo oídos, me suena, silencio, resonar, sordo, contar, expresado claramente, describir con detalles, préstame oídos, contén la lengua, habla bajo, no grites, escucho fuerte y claro, resonar, expresado en palabras, me quitó la palabra de la boca, palabra por palabra.

Kinestésico: tocar, palpar, tentar, conectar, frío, calor, calma, tranquilo, base sólida, palpable, contacto, suave, duro, áspero, punzada, hormigueo, mantenerse firme, tener roce, codearse con alguien, mano a mano, estar presionado, quitarse un peso de encima, sentirse bien, agarra la idea, tómalo con calma, choca el comentario.

HEMISFERIOS CEREBRALES

Hoy en día los avances en el funcionamiento del cerebro han evolucionado drásticamente, casi todo lo que se sabe del cerebro se ha descubierto en los últimos 60 años. Y uno de esos descubrimientos es la diferencia entre el funcionamiento de los hemisferios cerebrales.

Hoy se sabe que el hemisferio derecho y el izquierdo cumplen con funciones diversas y que algunas personas prefieren por razones de crianza, educación, contexto, herencia genética y fisiología utilizar un lado más que otro. Muy pocas personas en el mundo utilizan los dos hemisferios en proporciones exactas. Eso es una buena noticia para las personas que ejercen liderazgo, en vista de que el saber la preferencia de las personas en cuanto a la utilización del cerebro, puede significar un camino hacia las buenas relaciones.

Imagine que usted supiera cuál es el plato favorito de su jefe y un día cualquiera usted le invita a almorzar y le dice que desea que coman ese plato favorito, ¿cómo será la actitud de su jefe en ese momento? lo más probable es que se sienta contento y así se creará un nexo comunicativo más sólido y agradable. Pues lo mismo ocurre con los hemisferios cerebrales. Usted al conocer el funcionamiento de cada hemisferio, tendrá la llave para entrar a la mente de las otras personas y poder influir positivamente en ellas.

LOS METAPROGRAMAS

En párrafos anteriores se hablaba de la preferencia del cerebro de cada persona para procesar la información. A veces porque lo ha adquirido en la crianza por su familia, porque lo obtuvo modelando a otras personas o por su condición genética.

También los meta programas son formas de procesar la información que posee cada persona.

Los Metaprogramas hacen alusión a una serie de descubrimientos logrados por la programación neurolingüística y que ahora está al alcance de todos para la utilización en varios campos de las ciencias y en especial en el campo de la comunicación. Los resultados de estos descubrimientos han sido asombrosos y la utilidad es impresionante, con un poco de práctica usted podrá darse cuenta de lo fácil que es aprender y utilizar todos los Metaprogramas planteados en las próximas páginas.

La forma en que las personas utilicen estos Metaprogramas para procesar la información en su cerebro va a variar de acuerdo al ambiente, a las actividades que realicen y a su herencia genética. Los Metaprogramas no son absolutos y muchas veces pueden ir variando, es decir la persona puede cambiar de preferencia en algún momento, usted también puede cambiar de preferencia.

En la medida en que avance en la lectura, posiblemente se sentirá identificado con algún Metaprograma, así se conocerá más a usted mismo y podrá conocer más a los demás.

Conocerse usted mismo en cuanto a la utilización del cerebro es trascendental para poder avanzar en el ámbito comunicativo, después de todo, los cambios para comunicarse mejor deben empezar en usted.

A continuación se presentan los Metaprogramas para que los conozca y saque provecho de cada uno.

Evitando sufrimiento vs. Búsqueda de placer

En la vida las personas se manejan de dos formas, buscando el placer o evitando el sufrimiento, entonces escuchará usted a personas diciendo por ejemplo: "me hace falta trabajar para matar el aburrimiento". Estas personas evitan el sufrimiento de estar solas y aburridas. Mientras que una persona que busca el placer diría algo así como: "quiero empezar a trabajar para divertirme y estar con mis amigos".

Un mismo acto de querer empezar a trabajar es motivado por distintas formas de pensar, de procesar la información. Este Metaprograma es muy efectivo y usted lo puede utilizar planteándolo de acuerdo al Metaprograma que usted haya detectado en la conversación.

Por ejemplo, si quiere plantearle un negocio a alguien que evite el sufrimiento, le diría; "vamos a iniciar este proyecto para recoger dinero y no estar sin dinero en navidad". Este mismo planteamiento si la persona utiliza el metaprograma búsqueda de placer, usted se expresará así: "vamos a iniciar ese negocio y verá cómo tendremos dinero para disfrutar en navidad". Note que es la misma información del negocio pero viéndolo desde los dos enfoque diversos.

La diferencia es que a los que evitan el sufrimiento hay que decirles lo que van a evitar al ejecutar tal o cual evento y a los que buscan placer, se le dice los beneficios que van a tener al ejecutar el mismo evento. Literalmente poner el énfasis en lo que se puede evitar o lo que se puede obtener como beneficio marcará la diferencia.

De esta manera estará usted con ventaja para manifestar sus ideas de una forma que será mejor comprendida por su interlocutor o aliado y así las posibilidades de aumentar su influencia en los demás aumentarán.

Responda por mentalmente

¿Qué relación existe entre las figuras?

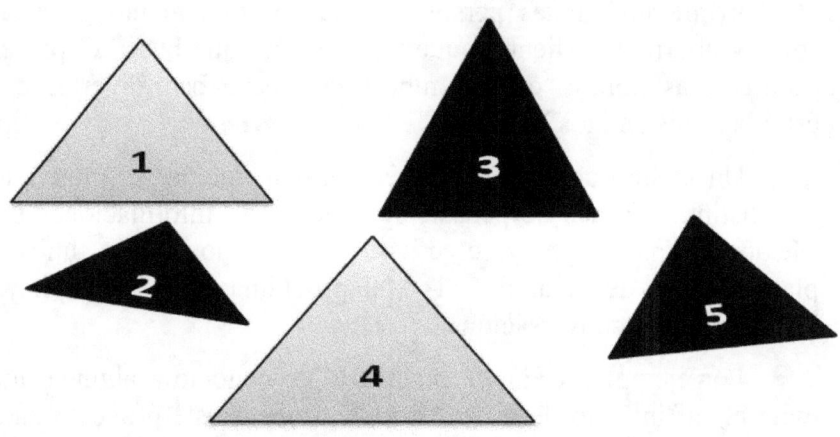

Escoja 5 respuestas que considere de las siguientes 10 opciones:

1. Todas son triángulos.

2. Tienen diferentes tamaños.

3. Todas tienen 3 puntas.

4. Son de diferentes colores.

5. Todas tienen 3 lados.

6. Están en diferentes posiciones.

7. Todas apuntan hacia arriba.

8. Son diferentes tipos de triángulos.

9. Todas son figuras geométricas.

10. Tienen diferentes números.

Si usted escogió más opciones impares entonces pudiera ser que usted prefiera el metaprograma igualador pero si escogió más opciones pares, resulta que es más probable que usted se balancee en su preferencia hacia el metaprograma diferenciador.

Diferenciador vs. Igualador

Para un igualador los cambios no son muy buenos, para un diferenciador hay que frenarlo para que no cambie lo que ya da buenos resultados. Un igualador va a querer que todo marche igual, son buenos para tareas previstas que sean metódicas y que sigan una serie de pasos.

Los diferenciadores por su parte son buenos para trabajos innovadores que necesiten ser cambiados constantemente, son ideales para trabajos que requieran de mucha creatividad. Imagine que usted es un jefe de una empresa y tiene que decirle a Juan que es un trabajador de esa empresa que debe hacer un trabajo y Juan prefiere el metaprograma diferenciador, usted le dice, este trabajo es muy diferente a todos los que has hecho, sólo algunos detalles en donde se parece a los anteriores pero es diferente (coloque énfasis en las diferencias). Si le toca decirle a Pedro que prefiere el metaprograma igualador, sobre el mismo trabajo de Juan le diría: "oye Juan hay que hacer un trabajo muy similar a lo que siempre hemos hecho, salvo unos detalles, todo es muy parecido" (haga el énfasis en la similitud).

Para detectar una persona que lleva la vida por semejanzas o diferencias sólo hay que hacerle una pregunta de comparación. Por ejemplo: ¿Cómo compararías tu trabajo de hace 5 años con el de ahora? Si la respuesta hace énfasis en las diferencias entonces podrá conocer que esa persona maneja el metaprograma diferenciador, de lo contrario si la respuesta encierra más aspectos donde se evidencia similitud, entonces estará ante la presencia de una persona que se maneja a través de semejanzas. El metaprograma es igualador.

Es elemental mencionar que ninguno de estos Metaprogramas es mejor que otro, ya que todos tienen muchas ventajas y algunas desventajas, así que no hay Metaprograma ideal, sólo que el contexto donde se desenvuelva la persona marcará la pauta. Además, es prudente recordar que estos son sólo modelos que van a servir de guía para comunicarse eficazmente porque las personas no utilizan absolutamente un Metaprograma u otro, sino que tienen combinaciones muchas veces de los dos; es como decir que nada es totalmente negro o blanco. Los extremos no son una excelente opción en la interpretación de los Metaprogramas en las personas, lo mejor es estar atento porque en algún momento la persona tendrá una preferencia por un Metaprograma o va a utilizar más uno de ellos y es allí donde entra la persona especialista y líder en comunicación, usted.

Proactivo vs. Reactivo

La persona proactiva se lanza a la acción no espera por otras, tiende a expresar verbos de acción, y dice algo como esto: "¡voy a hablar con el gerente ya!" se siente motivada por palabras como: "adelante, hazlo, es hora de actuar". Para comprar algo la persona proactiva va directo a comprar porque ya lo ha visto. Ahora la persona reactiva, espera a que otros inicien la acción, para luego actuar. A veces tarda mucho en decidirse. Necesita analizar bien la situación. Utiliza verbos pasivos y frases temerosas, por ejemplo: ¿hay alguna posibilidad de ir a hablar con el gerente? Si le va a vender algo al reactivo este no va a decidir rápido, primero va a querer pensar y ver qué piensan los demás, invítelo a que se tome su tiempo, puede decirle frases como "estudiémoslo" o "piénselo bien primero" es importante que se tome su tiempo, si quiere tener éxito.

Genérico vs. Específico

En este planeta tierra existen personas que ven el árbol pero por nada del mundo ven el bosque completo y las hay quienes ven el bosque completo pero no ven el árbol. Las personas genéricas se sienten cómodas con grandes segmentos de información, hablan de manera general, "Luis se cayó", se les hace incómodo dar explicaciones con detalles, piensan de forma global, es posible que en trabajos donde se necesite secuencia de pasos, se salten algún paso.

La persona genérica elimina mucha información. Son buenos para resumir y para planear y desarrollar estrategias. Por su parte la persona específica, en el ejemplo anterior "Luis se cayó" diría: "Luis se tropezó en las escaleras de la entrada, en el pie izquierdo y se cayó". Les gusta dar detalles de la información, se sienten cómodos con trabajos donde exista una serie de pasos a seguir y secuencias lógicas. Son buenos para tareas secuenciales que requieran estar alertas en los detalles. Son capaces de hacer una cosa a la vez, es posible que tengan más posibilidad de hacer las cosas bien hechas.

Mientras que las personas que se balancean hacia lo genérico tienden a ejecutar varias tareas al mismo tiempo, por lo que es aconsejable que tengan cuidado en vista de que atender varias cosas a la vez necesita de mucha habilidad para tener éxito en todas.

Los Metaprogramas, como se dijo antes, no son absolutos, es posible que consiga una combinación en algunas personas, aunque es muy probable que la persona se balancee hacia un polo de cada meta programa.

Directo vs. Indirecto

Se montan en un ascensor 4 hombres gordos y le dicen al ascensorista que por favor les marque el piso 19. En el siguiente piso se montan 4 mujeres de contextura medianamente delgadas y con una excelente apariencia. También le indican al ascensorista que las lleve al piso 19. Cuando el ascensor se acerca al piso 19 hace un ruido fuerte y se mueve un poco pero sigue su trayecto y el ascensorista dice a todos que el ascensor hace ese ruido cuando está muy pesado. Cuando llegan al piso 19 todos salen del ascensor tranquilos y los hombres gordos sólo hablan de las cosas que van a hacer en el día. Pero las mujeres empiezan a preguntarse unas a otras: ¿estoy gorda?

Este fenómeno ocurre por la forma de comunicarse que existe entre hombres y mujeres y hace referencia a los Metaprogramas directo e indirecto.

La mujer tiende a comunicarse de manera indirecta y los hombres de manera directa. Por esta razón fue que las mujeres de la historia anterior en el ascensor pensaron que fue un mensaje para ellas el que el ascensor "estuviera pesado". Los hombres a pesar de que eran gordos no detectaron el mensaje.

Si hay una mujer en un cuarto oscuro con un hombre ella pudiera decir "esto está muy oscuro aquí" pero el mensaje pudiera ser que encienda la luz. Sin embargo, no lo manifiesta de manera directa. Un hombre diría de manera directa: "enciendan la luz por favor".

Las mujeres mayormente a la hora de hacer el amor primero quieren que las cortejen, que haya todo un protocolo y que se solicite el acto de manera indirecta, con flores, comida, velada romántica, para luego llegar al acto sexual y amoroso. En cambio el hombre quiere ir directo al grano llegar al acto sexual y amoroso sin mucho preámbulo.

Esta puede ser la causa de mala comunicación entre las parejas. Por esa razón es conveniente que se observe con precaución cómo se comunica la persona con quien estamos hablando.

Tengo varios amigos y algunos prefieren comunicarse de manera directa y otros de manera indirecta. A veces recibo llamadas de un amigo mío y casi que ni me saluda sino que me dice directo, qué es lo que necesita.

Por otro lado tengo una amiga que primero me saluda, me pregunta cómo me ha ido, cómo está cada miembro de mi familia, hasta que por último me dice lo que desea.

Hay una diferencia enorme en la forma de comunicarse de mis dos amigos.

Cuando quiero influir positivamente a cada uno de ellos utilizo el metaprograma de su preferencia. Si hablo con mi amigo voy directo al grano porque si no se aburre, en vista de que está acostumbrado a comunicarse de manera directa. Si hablo con mi amiga, entonces primero trato de hablar de otras cosas para luego ir acercándome al tema de manera indirecta porque si lo hago de otra forma puede considerar que la estoy utilizando o que no me importa los demás aspectos de su vida.

Hay algo que quiero resaltar y es que en la actualidad hay mujeres y hombres que se comunican contrario a lo que he planteado anteriormente, es decir que hay mujeres que se comunican de manera directa y hombres que se comunican de manera indirecta. Dicho de otra forma más que creer que podemos catalogar a mujeres y hombres, más bien hay que saber que cualquier persona puede comunicarse ya sea literalmente o metafóricamente. En pocas palabras, los ejemplos anteriores son sólo para ilustrar. La realidad es que hay de todo, hombres indirectos y directos, mujeres directas e indirectas. Lo más importante es que usted que es el especialista en comunicación mantenga su poder de observación al límite para que pueda identificar el metaprograma en donde se desenvuelve la persona.

Comentarios del Lector:

Después de haber leído este metaprograma, traigo a mi mente muchísimos recuerdos los cuales he vivido y en efecto, considero que sí existen algunas mujeres que se comunican de forma directa y hombres de manera indirecta, sin embargo, desde mi punto de vista cada persona a través de este metaprograma aflora sus valores y creencias inculcadas en su vida ya que nadie actúa bajo un modelo creado sino mas bien bajo un modelo inculcado, es decir, para que una mujer se comunique de esta manera rápidamente e inconscientemente su cerebro dará un mensaje de los valores arraigados. Imaginemos que no existieran valores. Este metaprograma se utilizaría de manera positiva o negativa según el contexto. Para finalizar, desde mi punto de vista considero que este modelo es de suma importancia para lo que queramos alcanzar en una comunicación y así obtener de manera exitosa sus resultados. Ana Colmenares.

LA ESENCIA DE LOS LÍDERES

Estas técnicas de comunicación acá mostradas son muy poderosas sabiéndolas usar. Trabaje para convertirse en un maestro de la comunicación y practique mucho, la práctica hace al maestro. Una persona que no sepa nada de carpintería ni se esmere en aprender, dudo mucho que pueda hacer una simple silla con las herramientas de carpintería más eficaces y de mejor calidad. Algo similar ocurre con estas técnicas.

Si usted no se esmera en aprender, dudo que pueda llegar a tener excelencia en la comunicación y a fortalecer su liderazgo. Ahora si usted pone un poco de voluntad, se fija en los detalles y practica día a día, seguro que va a poder hacer una escultura de madera hermosa y aprenderá a comunicarse mejor.

Mientras estoy escribiendo este libro y experimento con cada técnica en mi quehacer diario, sigo aprendiendo de éstas. Aprendo cómo aplicarlas, de la modificación que debo hacer día a día para aprovecharlas de mejor manera y de cómo adaptarlas a las diferencias humanas que posee cada persona. En pocas palabras nunca voy a dejar de aprender el cómo funcionan estas técnicas utilizadas por los líderes. A medida que pasa el tiempo aprendo más y a pesar de que estoy escribiendo sobre este tema usted pudiera pensar que soy un experto pero paradójicamente cada día que pasa me siento un aprendiz y estoy seguro que me falta mucho por aprender de las técnicas y de la vida comunicativa de los líderes.

Hace millones de años cuando el ser supremo estaba creando al mundo, también pretendía crear al ser humano, por lo que su magia celestial creó su corazón y la sangre. Y le dijo a la sangre: –tienes la responsabilidad de darle vida al ser humano, debes circular moderadamente, en vista de que si eliges circular muy rápido puedes ocasionar un derrame y si eliges circular muy lento te puedes coagular y también causar daño en el organismo–.

La sangre se fue a cumplir su misión en el organismo humano la cual era darle vida. Y en un momento se sintió confundida y trató de recordar cuál era su misión en la tierra. Y se dijo a sí misma lo siguiente: –debo circular de manera moderada, en vista de que si elijo circular muy rápido puedo ocasionar un derrame y si elijo circular muy lento me puedo coagular y también causar daño en el organismo, pero ¿de dónde debo partir para poder cumplir con esa misión?

Por lo que llamó al ser supremo y le preguntó: –ser supremo ¿de dónde debo partir para cumplir la misión en esta tierra?– el ser supremo mirándola fijamente le dijo con una voz suave, *¡debes partir desde el corazón!*

Por esa razón le invito a mantener open mind and flexible brain (mente abierta y cerebro flexible) ante todas las situaciones que se le presenten en adelante, véase como una persona en constante aprendizaje y su éxito comunicativo estará asegurado. Y estoy convencido que pasará a formar parte de los líderes al poner en práctica las técnicas de La comunicación de los Líderes.

Ha estado leyendo durante un largo tiempo; quizás ha estado de acuerdo con muchas ideas planteadas en este libro, otras las ha ido amoldando a su personalidad y forma de pensar. Quiero decirle que al igual que la sangre puede elegir coagularse y no utilizar ningunas de estas técnicas, pasando por la vida sin que nada ocurra, quedándose en estancamiento y sólo a la espera de tener algo de suerte.

También puede elegir utilizar las técnicas de la comunicación de los líderes circulando rápidamente produciendo un derrame, utilizándolas para el mal, para manipular a las personas y para beneficiarse perjudicando a otros. Pero estoy seguro que va a elegir circular moderadamente para cumplir con una misión, la de ayudar a otras personas y ayudarse usted, procurando permitir que otros ganen y ganar usted obteniendo un beneficio mutuo y consiguiendo influir positivamente en las personas pero siempre teniendo en mente que cuando se comunique con otras personas, debe hacerlo partiendo desde su corazón.

De qué sirven la aplicación de todas estas técnicas para estar bien con los demás y para ganar aliados en la carrera del liderazgo si no sabemos liderarnos a nosotros mismos. De qué sirve estar bien en el trabajo, a nivel financiero, académico, profesional si no estamos bien con nuestros amigos y familiares más allegados.

El verdadero liderazgo inicia en casa con nuestros hijos, nuestra pareja y nuestros familiares, ellos son los verdaderos jueces que evaluarán nuestro proceso de aprendizaje para convertirnos en líderes. Si estamos bien con nosotros mismos y con ellos, tendremos mucha posibilidad de estar bien con los demás y de liderar en cualquier parte.

La única forma de que lleguemos al corazón de las otras personas es que partamos del corazón de nosotros porque la vida es como un eco; vamos a recibir lo que estamos dando. Es por esa razón que como líderes debemos asumir la actitud de la sangre, para llegar al corazón hay que partir del corazón.

¡Que lindas bendiciones se derramen sobre su corazón y espíritu! espero nos encontremos pronto.

Nota del autor:

Espero te haya gustado el regalo N° 13.

Podemos asegurarte que es un secreto.

REFERENCIA

Alder, Harry y Heather, Beryl (2004). PNL en sólo 21 días. Madrid: EDAF S.A.

Arocha Mariño, L. (2004). PNL para mujeres. Caracas: Júpiter Ediciones.

Cruz, C. (2006). Cómo comunicarnos en público. Florida: Taller de Éxito.

Cruz, C. (2005). Los Genios no nacen se hacen. Florida: Taller de Éxito.

Drucker, P. (2002). Los desafíos de la gerencia para el siglo XXI. Bogotá: Norma.

Kiyosaki, K. (2007). Mujer millonaria. Col. del Valle, México: Aguilar, Santillana Ediciones Generales, S.A.

Kiyosaki, R. (2007). Guía para hacerse rico. Col. del Valle, México: Punto de Lectura, S.A.

Kiyosaki, R. (2007). La escuela de negocios. Col. del Valle, México: Aguilar, Santillana Ediciones Generales, S.A.

Kiyosaki, R. (2001). Padre rico, Padre pobre. Buenos Aires: Time & Money Network Editions.

Martínez Miguélez, M. (2007). La Nueva Ciencia. México: Trillas.

O'Connor, Joseph y Seymour, John. (1995). Introducción a la PNL. Barcelona: Ediciones Urano S.A.

O'Connor, Joseph y Seymour, John (1996). PNL para formadores. Barcelona: Ediciones Urano S.A.

Ribeiro, L. (1997). Aumente su autoestima. Barcelona: Ediciones Urano, S.A.

Ribeiro, L. (1997). El éxito empresarial. Barcelona: Ediciones Urano, S.A.

Ribeiro, L. (2003). Inteligencia aplicada. Colombia: Planeta Colombia, S.A.

Ribeiro, L. (2006). La comunicacion eficaz. Caracas: Ediciones Urano, S.A.

Ribeiro, L. (2000). La prosperidad. Barcelona: Ediciones Urano, S.A.

Ribeiro, L. (1998). Los pies en el suelo la cabeza en las estrellas. Barcelona: Ediciones Urano, S.A.

Riso, W. (2009). El caminos de los sabios. Barcelona: Planeta, S.A.

Riso, W. (2007). El poder del pensamiento flexible. Bogotá: Norma.

Riso, W. (2004). Pensar bien sentirse bien. Bogotá: Norma, S.A.

s/a. (21 de septiembre de 2006). Anfrix. Recuperado el 6 de agosto de 2011, de http://www.anfrix.com/2006/09/lacuriosa-

historia-de-saludar-con-un-apreton-de-manos/

s/a. (2006). Frases y Pensamientos. Recuperado el 14 de Septiembre de 2011, de http://www.frasesypensamientos.com.ar/autor/peter-drucker.html

Schwarz, Alijoscha y Schweppe, Ronald (2001). Guía fácil de PNL. Barcelona: Ediciones Robinbook.

Solórzano, M.C. (s.f.). Slideshare. Recuperado el 13 de septiembre de 2011, de http://www.slideshare.net/REDEM/aprendizaje-y-hemisferios-cerebrales

Swan, R. (2009). El método Obama. Barcelona: Random House Mondadori S.A.